건축은 어떻게 아픔을 기억하는가

건축은 어떻게 아픔을 기억하는가
: 남영동 대공분실에서 세월호 추모관까지

초판 1쇄 발행 2017년 5월 2일
    3쇄 발행 2021년 11월 15일

지은이 김명식

펴낸이 고영은 박미숙
펴낸곳 뜨인돌출판(주 | 출판등록 1994.10.11.(제406-251002011000185호)
주소 10881 경기도 파주시 회동길 337-9
홈페이지 www.ddstone.com | 블로그 blog.naver.com/ddstone1994
페이스북 www.facebook.com/ddstone1994 | 인스타그램 @ddstone_books
대표전화 02-337-5252 | 팩스 031-947-5868

ⓒ 김명식 2017

ISBN 978-89-5807-641-4 03610

남영동
대공분실에서
세월호
추모관까지

김명식 지음

건축은 어떻게
아픔을
기억하는가

뜨인돌

일러두기

1. 사진 저작권 및 출처는 해당 사진 아래 표시했으며, 별도 표시가 없는 사진은 모두 글쓴 이의 것입니다.
2. 웹에서 수집한 사진의 저작권자가 확인될 경우엔 적절한 승인 절차를 밟을 예정입니다.
3. 본문 91페이지에 실린 시는 저작물 이용 승인을 받았습니다.(『아, 입이 없는 것들』, 이성 복, 문학과지성사, 2003)

사랑하고 사랑받는, 없어서는 안 될 존재인 모든 분께

· 차 례 ·

아무것도 할 수 없는 무력한 개인,
움직이지 않는 지성,
각성하지 않는 사회,
곪아가는 공동체 의식.

슬픔이 기억되지 못하는 공간,
아픔을 기억하지 않으려는 사회,
고통의 기억이 물질화되기 힘든 건축,
비극을 지우려는 도시,
시각적 유희를 좇는 물질문화.

우리는 지금 인문주의의 일몰을 목격하고 있는지도 모릅니다. 할 수 있는 것이라곤 지켜보는 것밖에 없었던 세월호의 침몰과 이것이 다른 게 무엇일까요?

개인의 슬픔, 아픔, 고통, 비극은 사회적이지 않은 것이 없고 공동체적이지 않은 것이 없습니다. 어떠한 개인도 그가 속한 사회로부터, 나아가 그 사회가 속한 더 큰 세계로부터 분리되어 있지 않기 때문입니다. 이 사회 속에서 개인적, 공동체적 삶의 의미를 찾는 것은 문명이 이룩한 도시에서 침몰해버린 인문주의를 다시 부상시킬 수 있는 유일한 방법일지도 모르겠습니다.

　『건축은 어떻게 아픔을 기억하는가』는 우리 중 누군가 겪어야만 했고 여전히 경험하고 있는 슬픔·고통·비극을 함께하며, 그 기억이 공간화되고 건축화된 현장으로 걸어 들어가는 여정의 시작입니다. 조금이라도 타자他者의 고통을 이해하고 아름다움의 근원을 헤아려보기 위해서지요. 이 책의 목적입니다.

이 책은 2015년 봄 새길기독사회문화원에서 진행한 토요문화강좌 '사회적 고통과 기억의 공간: 아픔의 건축과 도시 읽기' 여정에서 비롯되었습니다.

중학생부터 대학생, 주부, 공무원, 교사, 교수, 영화감독, 회사원 등 30여 명이 함께한 이 강좌는 '아픔의 비'를 맞는 이에게 우산을 씌워주는 것이 아니라 함께 그 비를 맞기 위해서, 우는 이를 달래기보다는 옆에서 함께 울기 위해서, 다시 말하면 고통에 참여하기 위해서 기획되었습니다. 주된 목적은 우리가 속해 있는 사회에서 개인과 공동체의 삶의 의미를 짚어보는 것이었습니다.

이를 위해 두 가지 목표가 설정되었습니다. '공간과 건축, 그리고 도시의 공간과 건축에 관한 기본적인 이해'가 첫 번째였고 '기억의 공간, 즉 고통이 내재된 현장으로 가서 당시의 고통을 체험하고 상기하는 것'이 두 번째였습니다.

… 우리는 지금 인문주의의 일몰을 목격하고 있는지도 모릅니다. 할 수 있는 것이라곤 지켜보는 것밖에 없었던 세월호의 침몰과 이것이 다른 게 무엇일까요? 인간만이 '의미'에 관해 물을 수 있고 그것을 찾을 수 있는 존재라면, 인문주의가 가라앉고 회색빛 땅거미가 내려앉은 지금, 우리는 우리를 둘러싸고 있는 사회적 고통과 아픔 속에서 개인과 공동체적 삶의 의미를 찾아야 하고 발견해야 할 것입니다.

그 시작은 고통의 현장으로 걸어 들어가 아픔의 비를 함께 맞는 것입니다. 인간의 삶, 그것의 참된 의미의 발견은 이 비를 함께 맞으며 동행할 때 드러날 것이기 때문입니다. 이 강좌 '사회적 고통과 기억의 공간'은 우리가 목도하고 있는 비극과 고통에 공감하기 위해 도시 속 고통의 현장과 기억 속으로 걸어 들어가는 여정입니다.(강좌 소개 글 중에서)

공간과 건축 그리고 도시를 개인과 공동체적 거주의 관점에서 바라보고 이해한 후, 고통과 기억을 주제로 하는 여덟 개의 공간을 선정하여 방문하고, 일상이 고통이 되어버린 분들이 겪었을 고통에 공감하면서 나눈 우리의 생각과 고민을 고스란히 여기에 담았습니다.

이 책은 세 부분으로 나뉩니다. 첫 번째는 '이해하기', 두 번째는 '걷고 생각 나누기', 세 번째는 '정리하기'입니다.

'이해하기'에 해당하는 part 1은 세 개의 글(공간에 대하여, 건축에 대하여, 도시의 공간과 건축에 대하여)로 구성됩니다. 우리가 일반적으로 알고 있는 공간, 건축, 도시의 의미와는 사뭇 다른 흥미로운 내용들을 이론적으로 약간 깊이 있게 다룹니다.

'걷고 생각 나누기'에 해당하는 part 2에서는 시민들과 함께 방문했던 고통의 현장들에 대해 이야기합니다. 또한, 고통을 대하는 태도에 관해 나누었던 시민들의 생각을 적고 있습니다.

1장에서는 '공간: 악의 보편성과 선의 희귀성'이라는 주제로 '남영동 대공분실'과 '경동교회'를 살펴봅니다. 한 건축가의 내면에 존재하는 선악의 양면성이 어떤 방식으로 공간화되었는지 구체적으로 확인합니다. 2장에서는 '건축: 타자의 비극과 고통의 공간'이라는 주제 아래 '평화의 소녀상'과 '전쟁과여성인권박물관'을 방문하여, 여전히 현재진행형인 타자他者의 비극이 어떻게 공간으로 형태화되었는지 살펴봅니다. 그리고 한국 사회에서 중심으로 들어오지 못하는 치욕스러운 역사에 관해 이야기합니다.

3장에서는 '도시의 공간: 고통의 현장과 기억의 풍경'이라는 주제로 고통스러웠던 역사의 현장, 아픈 기억의 풍경으로 대변되는 '서대문형무소역사관'과 '서소문 순교성지'를 방문합니다. 집단의 고통과 공동체의 아픔이 깃든 장소들을 통해 도시의 공간을 바라봅니다. 전체가 아닌 일부가 '대표'로 기억되는 역사의 현장, 더 큰 힘에 의해 작동하는 중심주의, 기억되지 못하는 개인 등에 대한 대화를 이어갑니다.

4장에서는 '도시의 건축: 사회적 고통과 기억의 공간'이라는 주제 아래 '유럽의 학살된 유대인을 위한 기념비'를 분석해보고, 세월호 희생자를 기억하기 위한 '세월호 추모공간'(서울도서관 3층)을 방문합니다. "아름다움을 다루는 예술의 한 형태인 건축이 잔인했던 기억과 고통을 재현할 수 있는가?"라는 근원적인 질문을 던지면서 기념비나 추모공간 같은 '기억의 공간'에 관한 이해에 한 걸음 다가섭니다. 고통을 어떻게 기억하고 유지하고 다음 세대에 물려줘야 하는지 생각해봅니다.

'정리하기'에 해당하는 part 3에서는 앞에서 다룬 내용들을 축약하면서, 고통과 기억의 공간 그리고 그것의 의미와 가치에 관해서 적고 있습니다. 마지막으로, 강좌가 끝난 뒤에 공유했던 어느 시민의 후기로 책을 마무리합니다.

고통과 기억의 공간, 건축, 도시를 이해하고 그 현장을 함께 걸으며 나누었던 생각을 공유하는 것은, 이 글을 읽는 모든 분들이 개인과 공동체적 삶의 의미가 무엇인지 고민하고, 사회적 고통이 형태화된 기억의 공간에 지속적인 관심을 가지기를 바라는 마음에서입니다.

공간과 건축 그리고 도시를 다루는 학문에서 고통의 기억을 더욱 대담하게 다루기를 기대하면서, 이러한 일련의 공감과 동행이 고통 속에서 파편화된 개인을 공동체 전체로 감싸 안는 치유의 공간을 만들어내는 밑거름이 되기를 희망합니다.

책이 만들어지기까지 많은 분들의 도움이 있었습니다. 강좌를 제안하고 후원하며 책이 나올 수 있게 도와주신 새길기독사회문화원 정경일 원장, 모든 일정을 부족함 없이 준비해주시고 전 일정을 담담히 기록해주신 이선근 간사와 김성수 연구원, 서기와 조교 역할을 충실히 해준 강기대, 이 책의 전체 내용을 가로지르는 압축된 글과 그림을 남겨주신 김향미 님에게 특별히 고마운 마음을 전합니다. 또한 저의 말에 귀 기울여 주시고 함께 걷고 생각을 나누었던 김근철, 한혜원, 이준섭, 한혜수, 김영희, 김도환, 문지영, 강철웅, 강의준, 배종희, 이유현, 현명금, 이병진, 성상경, 도레미, 안재하, 이건우, 조남형, 박명순, 김의솔, 윤하정, 조성희, 박홍식 그리고 비록 참여하진 못했지만 응원해주신 전인백, 그 밖의 모든 분들께 진심으로 감사드립니다.

Part · 1

우리 속에 증발되지 않은 채 고여 있는 몰이해, 시기, 미움, 잔인함
이 드러나는 순간, 우리의 마음은 화사한 아침 햇살, 고소한 커피
한 잔 즐길 수 없습니다. 예술을 향유하려면 예술적인 마음을 가
져야 합니다. 아름다운 대상을 통해 즐거움, 기쁨, 행복에 도달하
려면 그것보다 더 중요한 아름다운 마음을 가져야 합니다. 그러려
면 사람이 만들어낸 세계에 대한 이해, 무엇보다 사람에 대한 이해
와 존중 그리고 사랑이 필요합니다.

공간에 대하여

"공간은 우리를 담고 우리의 삶을 담습니다.
건축은 우리를 담는 공간과 우리의 삶이 완성되는 공간을 만듭니다."

'공간'의 개념은 사전적 정의, 과학적 정의 혹은 철학적 정의 등을 통해 여러 갈래로 이해될 수 있지만 여기에서는 우리가 잘 알기 때문에 다루지 않는, 혹은 잘 몰라서 다루지 않는 측면을 간략히 살펴보려 합니다.

우리말 사전에서는 공간을 '아무것도 없는 빈 곳 또는 어떤 물질이나 물체가 존재할 수 있거나 어떤 일이 일어날 수 있는 자리'로 정의하고 있습니다. 유클리드 기하학에서 증명되었듯이 공간은 물질 간의 상대적인 위치, 거리, 방향, 시간의 속성을 가집니다. 물질 사이의 관계를 고려했을 때 끝없이 연속되고 확장되는 개념으로 공간을 이해할 수 있습니다. 또한 이러한 물질 간의 거리와 형태, 예컨대 길이, 각, 표면 등을 고려했을 때 기하학적인 용적으로도 이해할 수 있습니다.

일상적으로 우리가 사용하는 공간은 대체로 용적의 의미를 가지고 있는 거주의 공간입니다. 예를 들면 소유할 수 있는 집, 점유할 수 있는 사무실이나 영화관, 공동으로 공유하는 도시의 공간 등을 말합니다.

건축에서 '공간'은 우리의 삶을 담는 그릇과 같은 용적으로서 이미 진부해진 개념입니다.[1] 그러나 조금만 주의를 기울이면 재미있는 것을 발견할 수 있습니다.

우선 물리학의 도움을 받아 공간을 이해해보면 공간은 물질과 에너지로 이루어져 있다는 것, 그리고 물질의 상태(고체, 액체, 기체, 플라스마)와 관계없이 모든 물질에 존재한다는 것을 알 수 있습니다. 하지만 우리의 삶을 담는 용적으로서의 공간은 물질과 에너지로 이루어진 대기뿐입니다. 기체 상태인 대기는 우리에게 필수적입니다. 우리의 거주는 액체와 고체 상태의 물질 바깥에서, 그리고 기체 상태의 물질 내부, 즉 공기의 체적 안에서만 가능하기 때문입니다. 이 기체 상태의 공간은 우리에겐 은총의 공간이라고 해도 과언은 아니겠지요. 이 공간을 벗어나거나 이 공간과 단절되면 우리는 살아갈 수 없으니까요.

우리의 감각기관인 눈은 이러한 기체 상태의 공간을 볼 수 없습니다. 우리가 보게 되는 것은 공간 가장자리에 위치해 있는 액체나 고체 상태의 물질 표면입니다. 하지만 이를 통해 보이지 않는 공간의 형태 일부를 간접적으로 인식하게 됩니다.

형태를 지각하는 미학의 이론적 측면에서도 우리가 기체 상태의 공간을 온전히 보지 못하는 이유를 알 수 있습니다. 공기로 이루어진 체적의 공간을 대상화할 수 없기 때문에 그런 것이지요. '대상'이란 우리로부터 떨어져 있어서 눈으로 볼 수 있는 것을 말하는데, 우리는 항상 공간이라는 체적 안에 존재하기 때문에 공간을 대상화할 수 없습니다. 우주로 나가 지구의 대기를 바라보기 전까지는 이 공간을 대상화할 수 없고, 따라서 눈으로 볼 수 없습니다.

하지만 예외적인 경우가 있습니다. 스모그나 안개가 자욱하게 내려 앉을 때 혹은 연기가 주변에 가득할 때 우리는 대상화할 수 없는 공간, 결코 볼 수 없을 것 같았던 공간을 보게 됩니다. 이를 통해 우리는 스스로가 공기의 체적 내부에 존재한다는 사실을 시각적으로 알아차릴 수 있습니다.

공간은 우리에게 공평하게 주어진 삶의 물질과 에너지로서 기본적으로 민주적입니다. 기체 상태의 대기, 이 체적으로부터 벗어날 수 없는 운명은 누구에게나 똑같습니다. 누군가는 땅에 부착된 공간을 더 많이 점유할 수 있지만, 대기의 공간은 계층을 가리지 않고 모두에게 공평하게 주어집니다. 계층별로 땅(위의 공간)의 소유가 차별적이었던 시대에도, 땅(아래와 위의 공간)을 사유화하여 돈으로 치환하는 현재에도 공간(에너지와 물질)은 모두에게 민주적입니다.

보이지는 않지만 분명히 존재하는 공간을 우리는 함께 공유합니다. 건축은 땅 위와 아래의 공간을 점유할 수 있게 (내부)공간화하는 것이지만, 모두에게 동일하게 주어진 대기의 공간으로부터 절연된 공간을 만들 수는 없습니다. 공간은 어떤 식으로든 연결되고 서로 영향을 주고받기 때문입니다.

형태를 지각하는 측면에서도 마찬가지입니다. 볼 수 없고 만져지지 않는 공간은 대체로 고체 상태의 물질(질료)을 이용하여 공간화되기 때문에, 건축의 결과물은 그것이 만들어진 곳의 안팎으로 나타나게 됩니다. 그것은 자연에, 시골 마을에, 도시에 등장하여 주변의 대상들과 공존하게 됩니다.

그러므로 내 집을 짓기 위해, 나만의 공간을 만들기 위해 내밀어놓는 모든 것들에 대해서 조심스럽고 신중하게 생각해야 합니다. 거기에는 모두에게 공평하게 주어진 공간, 공공의 공간, 공동체를 위한 삶의 공간이 있으니까요.

건축에 대하여

"건축은 단조로운 일상의 세계에 새로운 매력을 더하여
우리 앞의 세계로부터 아름다움을 발견할 수 있게 합니다."

건축은 우리로 하여금 공간적인 반응을 야기하는 형태, 즉 공간을 만들어냅니다. 공간을 만들기 위해서는 튼튼하고 견고한 구조가 필요합니다. 이는 공간을 만들 때 가장 중요한 것 중 하나입니다. 왜냐하면, 공간은 안정된 구조 속에서 나오기 때문입니다. 그래서 공간을 창조하는 것과 구조를 세우는 것은 따로 분리하기 어렵습니다. 이 두 요소는 건축을 이해하는 데 있어서 가장 기본이 됩니다.

건축建築은 종종 건축물建築物과 혼용되어 쓰입니다. 여기서는 건축물을 짓는 행위를 건축이라 하고, 이 행위의 결과물을 건축물이라 하겠습니다.[2] 간단하게 말하면, 예술적인 건물(building art)을 만드는 것이 건축(architecture)이라고 할 수 있습니다. 건축은 아름다움을 다루는 예술의 한 분야입니다. 모든 예술이 그러하듯 건축도 아름다운 형태로 탄생합니다. 그러므로 건물과 건축물은 엄격하게 구분되어야 합니다. 일반적인 기능만을 만족시키는 건물은 미적 요소를 갖춘 건축물과는 다른 것이니까요.

요약하자면 건축은 공간을 만들고 구조를 세우고 아름답게 표현하는 것으로 간략하게 이해될 수 있습니다. 같은 맥락에서 좀 더 살펴보겠습니다.

건축은 고대 로마의 건축가 비트루비우스(Marcus Vitruvius Pollio)를 거치지 않고서는 논의하기 힘든데요. 최초의 건축 이론서라고 할 수 있는 그의 책 『건축십서De architectura』(약 BC 15년)는 건축에 관한 방대한 지식을 전하고 있습니다. 그중에서 '유틸리타스Utilitas'와 '피르미타스Firmitas' 그리고 '베누스타스Venustas'는 건축이 만족시켜야 하는 기본 요건으로 기술되고 있습니다. 유틸리타스는 유용성을, 피르미타스는 튼튼함을, 그리고 베누스타스는 아름다움을 의미합니다. 달리 말하면 유용성을 공간의 안락함으로, 튼튼함을 구조의 강함으로, 아름다움을 미적인 형태로 이해할 수 있습니다.

여기서 우리는 건축이 무엇과 관련되어 있는지 알 수 있습니다. 건축은 위의 세 가지 조건(안락한 공간, 튼튼한 구조, 아름다운 형태)을 갖추어야 하고 건축물은 이렇게 만들어진 결과물입니다. 이탈리아 건축가 제비(Bruno Zevi, 1918~2000)의 말을 빌리면 비트루비안 건축의 3대 요건은 '건물의 기능(building's function)', '구조의 기술(technique of structure)' '미적인 표현(aesthetic expression)'이 됩니다(Zevi, 1957, 221면).[3]

건축이 예술에 포함되는 결정적인 이유는 그것의 미적 형태, 즉 비트루비우스의 '베누스타스', 제비의 '미적인 표현' 때문입니다. 건축은 사람과 사물이 만들어내는 수선스러운 삶의 세계에 새로운 매력을 부여하여, 우리로 하여금 그 형태에 부착된 아름다움과 그 너머의 의미를 인식하게 합니다. 모든 예술 작품이 그러하듯 건축 역시 의미를 경유하여 아름다움으로 형태화됩니다. 그렇지 않으면 건축물이 아니라 그저 그런 건물이 되고 맙니다.

예술의 한 형태인 건축을 이해하기 위해서는 우선 예술에서 아름다움이란 무엇인지를 알아야 합니다. 시각적으로 보이거나 청각적으로 들리는 예술을 접할 때는 사람에 따라 다르게 느낄 수 있는 주관적인 관점이 작용합니다. 하지만 작품의 형태(모양, 색채, 운율 등)를 통하여 아름다움을 느낀다는 것만은 분명하지요. 중요한 것은, 아름다움은 결코 형태에 머물러 있지 않는다는 점입니다.

예술적 아름다움은 '개인과 대중 그리고 그들이 속한 사회를 감동시킴으로써 반응을 일으키는 것'이라고 정의할 수 있습니다. 여기서 말하는 '반응'은 우리의 삶을 더 나은 방향으로 변화시키거나 진일보시키는 것을 뜻합니다.[4]

그러므로 아름다움이란 예술의 형태, 그 표면에 머무르지 않습니다. 그것은 예술을 통해 얻는 즐거움이나 기쁨 혹은 행복감에서 멈추지 않고 개인과 대중, 나아가 그들이 놓여 있는 사회와의 소통을 통해 더 분명하게 드러납니다. 반응과 소통을 통해 나타나는 예술의 아름다움은 우리의 삶을 더 나은 방향으로 이끌고 변화시킵니다. 그렇지 않으면 예술은 마치 우리가 박물관이나 미술관에 가서 전시물을 관람하면서 예술을 향유하고 있다고 생각하는 것만큼이나 허접스러운 유희가 될 것입니다.

우리 일상의 삶 속에서 반응을 일으키지 못한다면 예술은 아름다움을 만들어내지 못하거나 제 역할을 다하지 못하는, 단지 우리의 눈을 현혹하는 무의미한 그 무엇이 되고 맙니다.

예술은 아름다운 형태를 통해 그 속에 내포된 의미의 세계로 우리를 인도합니다. 우리는 그 세계를 인식하고 어떤 식으로든 반응하게 됩니다. 이것은 인문적인 전진의 반응으로서 우리의 일상에 구체적인 삶의 형태로 드러나게 됩니다. 거듭 말하거니와 "예술은 우리의 삶을 변화시켜야 합니다." 그렇지 않으면 그것은 의미 없는 형태로 전락합니다. 건축에서의 아름다움 역시 마찬가지입니다. 차이가 있다면 건축의 형태(건축물)는 소유자의 의도와 무관하게 우리 모두의 공동 공간에, 그리고 사회에 던져진다는 점입니다. 그래서 개인 소유의 건축물이라고 하더라도 공공성을 내포하게 됩니다.

건축의 본질은 특질이 부여된 거주 공간의 창조에 있는데, 이 공간은 건축물 내부의 사적 영역을 의미하지만 도시의 공간인 공적 영역으로의 열림을 전제로 합니다. 이렇게 열려 연결된 공간, 사적인 공간과 공적인 공간이 연결된 공간은 우리 삶의 궤적이 발생하는 거주의 공간이고 삶의 세계입니다. 그러므로 이것은 개인에게만 주어지는 것이 아니라 그것이 속한 공간, 이 공간이 속한 도시(혹은 자연, 시골)에도 주어집니다.

비트루비우스나 알베르티(Leon Battista Alberti, 1404~1472)와 마찬가지로 팔라디오(Andrea Palladio, 1508~1580) 또한 "길은 짧고, 편안하고, 안전하고, 기분 좋고 아름다워야 한다. …도시에서처럼 아름다움은 세련된 건물에 의해 거리에 더해진다"라고 했는데요(Palladio, 1965, 58~59면). 말하자면 건축은 도시나 시골 혹은 전원의 "단조로운 삶의 형태 속에서 내구성과 아름다운 표현을 제공하는 것"(Leatherbarrow, 2009, 1

면)이라고 할 수 있습니다.

궁극적으로 건축물은 사적인 삶의 세계뿐만 아니라 공적인 삶의 세계를 더 분명하게 의식하도록 만듭니다. 건축물의 공간 안팎으로 미적인 매력, 즉 아름다움을 드러내기 때문입니다. 그러므로 건축에서 공동성은 절대 놓치지 말아야 할 부분입니다.

요약해보면, 건축은 그것의 형태를 통해 감동을 주고 반응을 일으키는 소통의 의미가 있다는 점에서 다른 예술과 같지만, 여타의 예술과 다른 점은 건축이 사회성과 공동성을 띤다는 점입니다.

다시 예술로 돌아와 형태의 기점, 즉 아름다운 형태의 시작점에 대해서 알아보겠습니다. 형태에 나타난 아름다움이 어디에서 나오는지 살펴보면 예술의 목적에 대해서 더 구체적으로 이해할 수 있고 그것의 본질을 파악할 수 있습니다.

예술의 형태, 즉 예술 작품은 당연히 예술가에 의해 만들어집니다 (Heidegger, 2001, 17면). 그것은 예술가가 경험하는 세계로부터 받아들인 의식의 표출 혹은 표현인데요. 예술가는 일반인이 의식하지 못하는 세계를 예민하고 민감하게 반응하여 형태로 표현해냅니다. 그러므로 아름다움의 형태는 예술가에게서 나옵니다. 다시 말해, 현실 세계에 대한 내적 작용이 일어나는 예술가의 내부가 그 시작점이라고 할수 있습니다. 그곳은 외부의 세계로부터 예술가가 받아들인 어떤 것, 즉 외부 세계에 대한 인식의 산물이 저장되는 곳, 실제 경험의 세계를 보유하고 있는 의식의 세계입니다

중요한 것은 눈앞에 보이는 세계에 대한 예술가의 머릿속 생각, 그것에 대한 몸속 느낌과 감정이 함께 어우러져 아름다운 형태로 만들어

진다는 점입니다. 예술가가 속한 현실 세계가 예술가의 내부인 의식의 세계에 투영되어 예술가의 의도와 함께 현실의 세계로 다시 나오게 되는 것이지요. 이런 점에서 예술가의 외부와 내부 사이에 기묘한 상관 관계가 있음을 알 수 있습니다.

예술가가 표현하려는 아름다움의 형태는 그가 속한 사회, 그가 바라 보는 세계에 따라 변합니다. 하지만 어떤 경우에도 그 사회, 그 세계와 분리될 수는 없습니다. 새로운 사회와 새로운 세계가 새로운 생각을 요구하고 새로운 생각은 새로운 형태를 필요로 하는 것처럼, 예술은 새로운 생각을 요구하는 사회와 세계에 결부되어 예술가의 감정과 사유, 선택과 강조를 거쳐 새로운 형태의 아름다움으로 나타나게 됩니다.

예술가는 이 과정을 통해, 즉 의도에 따른 의미의 표현을 통해 우리 눈앞의 세계에 아름다움을 발견할 수 있는 매력적인 형태를 창조합니다. 예술가가 만들어낸 예술의 형태를 통해서 우리는 그동안 보지 못 했던, 우리 앞에 놓인 현실의 세계를 훨씬 더 정확하게 인식할 수 있습니다.

요컨대 예술가는 현실 세계의 한 부분 혹은 가려진 진실을 형태화 할 수 있고, 우리로 하여금 그것을 볼 수 있게 돕습니다. 우리는 예술 의 형태를 통해 예술가가 의도한 바, 형태에 내재한 함의, 현실의 숨겨 진 본질에 눈을 뜨게 됩니다.

흑인을 사고파는 비인간적인 노예제도를 폐지시키는 계기가 되었던 윌리엄 터너(William Turner, 1775~1851)의 그림 '노예선'(1840)을 통해, 사 회의 변혁에 관하여 배우게 되는 빅토르 위고(Victor Hugo, 1802~1885) 의 소설을 통해, 독재 권력의 부당함을 느끼게 해주는 김수영 (1921~1968)과 군사정권에 저항했던 김남주(1946~1994)의 시를 통해, 장애인에 대한 우리 사회의 죄악을 고발하는 소설과 영화 '도가니'(2009, 2011)를 통해 우리는 가려지고 숨겨진 현실을 직시하게 됩니다.

이러한 높은 수준의 예술은 "의미를 경유하지 않은 형태의 무의미", 즉 드러내려는 것에 대한 잘못된 선택 혹은 핵심적인 의미의 누락으로 인해 몇몇 개인에게만 공감을 일으키는 낮은 단계의 예술과는 다른 '공감의 미학'을 다룬 것입니다.

누군가 어떤 화가의 그림을 좋아한다면 그것은 그가 지금껏 보지 못한 새로운 것, 혹은 현실 속에 숨겨진 어떤 것을 화가가 아름다운 형태로 표현해냈기 때문입니다. 음악가나 조각가, 건축가도 마찬가지입니다. 가우디가 유럽의 건축가들 가운데 유독 새롭고 독특하면서 아름다운 건축물을 만든 것은, 그가 바라본 세계에서 중요하다고 생각했던 자연을 선택하여 새롭고 독특한 형태로 표현했기 때문입니다. 생명의 근원인 자연에서부터 나온 건축적 동기를 아름다운 형태로 표현한 것이지요. 그는 일상의 세계 너머 우리가 보지 못하는 현실에 대한 의식을 건축물을 통해 표출해냈고, 이로써 자연을 대하고 바라보는 우리의 태도와 시선을 새롭게 했습니다.

건축물은 건축가 자신의 성향과 재능으로만 표현되지 않습니다. 만약 건축가가 독단적으로 자기가 원하는 것만을 선택하고 표현하는 데 그친다면, 우리가 건축물에서 발견할 수 있는 것은 시각적 유희의 형태, 이것을 만들어낸 기술적인 재주나 솜씨, 그리고 건축가의 이름뿐일 것입니다. 그것은 우리의 눈을 만족시킬 수는 있지만 우리를 의미의 세계로 인도하지 못하고, 우리 삶을 더 풍성하게 그리고 구체적으로 변화시키지도 못할 것입니다.

우리 앞의 세계가 바닥을 드러내지 않는 무한의 보고라고 할지라도 예술이 그러한 것을 재현하기란 쉽지 않습니다. 위대한 건축가일수록 현실을 바라보는 특유의 시선과 감상으로 어떤 것을 포함하고 어떤 측면을 배제할지 선택하는 지난한 과정, 즉 내적 사유를 거쳐 의미를 강조하며 건축물을 만듭니다. 그가 만들어낸 형태는 우리의 감성과 지성을 자극하여 공감을 불러일으키며 대중과 사회로부터 반응을 이끌어냅니다.

이러한 반응은 예술에서 표현하는 의미의 세계가 현실 세계로 옮겨지는 것을 의미합니다. 처음에는 건축물, 즉 예술의 형태에서 우리를 즐겁게 하는 어떤 것을 발견하지만 나중에는 그것의 함의를 인지하게 되고, 그 너머에 존재하는 의미의 세계와 현실 세계가 맞닿아 있음을 깨닫게 됩니다. 그리하여 우리가 무심하게 바라보던 현실 세계를 더욱 분명하게 인식하도록 인도합니다. 오직 이런 경우에만 우리는 그것의 매력과 아름다움에 도달할 수 있고, 진정한 찬사를 보낼 수 있습니다.

도시의 공간과 건축에 대하여

"건축가는 우리 눈앞에 놓인 세계를 아름다움으로 채색합니다.
우리에게 기쁨과 행복을 주고, 우리의 시선을 더욱 정직하고 순수하게
그리고 예술적으로 변화시킵니다. 때때로 위로와 위안을 주는 것은
위대한 건축가만이 우리에게 줄 수 있는 선물입니다."

건축은 공간의 창조자로서 우리의 삶을 담을 수 있는 공간을 만듭니다. 그것은 사적인 내부 공간뿐만 아니라 공적인 도시의 공간을 동시에 창조합니다. 건축물은 도시에 주어지는 것이어서 도시 공간의 일부가 되고, '도시의 건축'의 시작점이 됩니다.

건축은 서로 다른 현상이 발생하는 두 개의 '방들의 사회' 사이, 즉 실내와 시내(도시의 공간) 사이에서 형태화됩니다. 전자는 거주인의 사적인 행위가 발생하는 공간, 후자는 도시민의 공적인 행위가 발생하는 공간을 말하는데요. 건축물은 이 둘을 동시에 고려하면서 만들어집니다. 그렇기 때문에 건축은 서로 다른 성격의 사회를 하나로 연결하려는 목적을 담고 있습니다.

건축물은 상반된 성격의 두 공간 사이에 위치하여 실내와 시내를 나누는 것 같지만, 엄밀하게 말하면 나눔보다는 열림을 전제로 만들

어집니다. 까를로 데 까를리(Carlo De Carli, 1910~1999)의 글 「Contro la realta finta」(1967)은 내·외부 공간 사이 열림과 연결의 건축을 설명하고 있는데요. 이 글을 참고하면 다음을 쉽게 이해할 수 있습니다.[5]

닫힘의 요소인 경계(벽과 지붕)와 열림의 요소인 경계(개구부: 문과 창문 등)는 내부 현상과 외부 현상을 분리하거나 연결하는 결속의 요소입니다. 개구부에 의해 만들어지는 건물의 경계는 이분된 공간성이 서로 만나고 연결되는 곳으로서, 이질적인 공간을 연결하여 하나의 통일체로 인식되게 합니다. 요컨대, 내·외부를 나누고 연결하는 이 경계의 요소는 실내를 정의할 뿐만 아니라 시내를 정의하는 데에도 결정적인 역할을 합니다. 그것은 실내를 한정하거나 실내의 시작을 알리는 경계일 뿐만 아니라 거리, 공원 혹은 광장과 같은 시내의 시작을 암시하는 경계로서 이중성을 드러내니까요.[6] 누군가 언급한 것처럼 여기가 바로 공간의 예술이 탄생하는 성소일지 모릅니다.

물리적으로 제한된 공간의 사적인 영역은 그 확장을 한정하지 않고 거리나 광장, 공원과 같은 도시의 공간으로 연결됩니다. 그러므로 건축의 미적 가치는 두 영역으로부터 영향을 받습니다. 이것은 실내 공간과 관련된 사적인 것(성격, 기호, 취향 같은 내적 요인)과, 시내 공간과 관련된 사회적이고 환경적이며 공적인 것(지형이나 기후, 역사나 문화, 전통이나 관습 같은 외적 요인)으로부터 분리될 수 없습니다.

바로 이것이 앞에서 언급했던, 도시의 공간에서 건축이 갖는 공동성입니다. 건축은 두 요인을 동시에 고려하는 것에서 출발하며, 도시의 공간은 건축이 실내 공간을 만든 후에 남겨진 빈 공간이 아니라 공동체를 위해 생산해놓은 의미심장한 시내 공간입니다. 거리나 광장, 공원 같은 시내의 공간은 실내의 사적 공간과 공동체를 위한 공적 공간을 함께 고려하여 만든 건축물(들)에 의해 형성되기 때문입니다. 이런 점에서, 도시의 공간이 건축의 영역과 대상이 아니라고 말하기는 어렵습니다.

중요한 점은 건축이 도시 공간의 형성에 이바지할 뿐 아니라 시각적이고 공간적인 가치, 즉 아름다운 매력의 형태를 도시 공간에 부여한다는 것입니다. 이것은 도시의 가치를 생산하거나 향상시킵니다. 그렇기 때문에 건축은 도시 공간을 만들거나 가치 향상에 영향을 미치는 하나의 행위가 됩니다. 이럴 때 이것은 '도시의 건축'이 됩니다. 도시를 이루는 최소 단위의 건축물을 창조하는 건축은 도시에 새로운 매력을 더하여 도시를 아름다운 형태로 만드는 데 기여합니다. 비트루비우스 이후 수많은 건축가가 말한 도시의 건축이지요. 그래서 건축가는 도시의 건축가가 되는 것입니다.

> 건축가는 도시설계와 도시계획과 건축이 서로 다른 직업인 것처럼 직업의 상업적인 분화를 받아들여서는 안 됩니다. 건축가는 가장 작은 집에서부터 가장 큰 복합단지 혹은 도시로 방향을 틀 수 있습니다. 전문화는 형태 현시 顯示의 본질과 분리할 수 없는 부분들을 독립체로 구현하여 엉망으로 만듭니다.(Kahn, op. cit., 33~34면)

건축은 실제 도시의 한 부분을 만드는 것을 의미합니다. 건축물은 도시의 일부가 되는 것이고요. 그래서 개구부가 있는 건축물의 전면 (Façade)은 건축물 자신을 위한 것일 뿐만 아니라 도시의 공간을 위한 것이고, 자연스레 공적 공간인 거리, 광장, 공원과 연결되는 도시의 일부분, 즉 도시의 전면(Urban Façade)을 위한 것이 됩니다.[7] 건축물의 전면이 우리의 표정과 같다면, 그것은 수없이 많은 표정들로 이루어진 도시의 표정 중 하나가 될 것입니다.

다음은 중세 말 르네상스 초기의 건축가 알베르티가 건축물이 어떻게 만들어져야 하는지를 기술한 것입니다.

건축에서 우리가 짓는 모든 기술과 창조의 힘은 공간 구성에 있어 필수적입니다. 왜냐하면, 편리함과 즐거움 그리고 아름다움을 위해 적절히 질서화된 작업에서 전체 건물의 각 부분들 그리고 이러한 각 부분들의 전체, 모든 선과 각의 합의와 결합은 그 공간 구성 자체에 의해 배분되고 배치되기 때문입니다. 철학자들의 견해에 따라 한 도시가 하나의 큰 집에 지나지 않는다고 한다면, 반대로 한 집은 하나의 작은 도시가 됩니다. (…)그 집의 구성 요소는 뜰, 홀, 응접실, 현관과 같은 매우 많은 작은 집들입니다. (…)그러므로 전체 건물을 세밀히 숙고하는 성실함과 세심한 주의가 요구됩니다.

건물의 구성 요소는 서로 부합합니다. 그래서 하나의 건물 안에서 한 부분이 다른 부분에 응답해야 들어맞는 것이지요. 여기서 걸작은 대단한 구성 요소가 필요하다고 우리는 말합니다. 과연 그것은 사적인 건물에서 사용되었던 것보다 더 커다란 벽돌과 재료들을 큰 공공건물에 사용했던 고대인에 의해 꽤 쉽게 관찰되었습니다. 그러므로 모든 구성 요소는 알맞은 장소와 적절한 상황에 놓여야만 합니다. (…)적절하지 못한 장소에서가 아니라 다른 어느 곳에서도 더 적합할 수 없는, 그 자신에게 가장 적절한 상황에서 말입니다. 가장 위엄 있어야 하는 구조의 부분이 멀리 떨어진 모퉁이로, 가장 공적이어야 하는 것이 사적인 곳으로 내몰리지도, 가장 사적이어야 하는 것이 너무 눈에 잘 띄는 곳에 설치되지도 않아야 하지요.(Alberti, "Book I, Chap. IX, Of the Compartition, and of the Origin of Building," in op. cit., 13면)

알베르티가 생각하는 건축은 가장 적절한 상황 속에서 더 이상 적합할 수 없는 관계의 형태를 만드는 것입니다. 앞선 설명과 알베르티의 설명을 응용하여 "건축은 실내와 시내의 가장 적절한 관계를 찾는 것"이라고 할 수 있지 않을까요? 그래서 건축은 궁극적으로 건물예술과 도시예술이 통합된 형태를 만들어 사적인 영역뿐만 아니라 공적인 영역에서의 가치까지 동시에 획득할 수 있다고 한다면, 약간의 비약은 있을지언정 크게 잘못된 말은 아닐 것입니다. 모든 공간이 그 구성에 맞게 배치되고, 모든 요소와 재료가 있어야 할 곳에 있고, 내부의 공간과 외부의 공간 사이에서 더 이상 적합할 수 없는 수준의 결과(building art)를 만드는 것, 이것이 진정한 건축이자 도시의 건축(urban public art)이 될 테니까요.

건물의 예술로 그리고 도시의 예술로 드러나는 건축물은 공간구성 체계 속에서 복수의 개인을 만족시키는 실내 공간의 형태뿐만 아니라, 모두를 만족시키는 공동체의 공간 형태에도 응답합니다.

칸(Louise Kahn, 1901~1974)의 말을 빌리면 후자의 공간은 합의에 따른 방(room by agreement), 즉 "공동체의 방"인데요. 여기에는 공간의 연관성, 건축의 공동성을 넘어 건축의 사회성이 담겨 있습니다(Kahn, op. cit., 33~34면). 칸이 말한 것처럼 건축은 방을 만드는 것에서부터 시작되지만, 그 끝은 "방들의 사회(a society of rooms)"를 만드는 것입니다. 여기에서 방은 실내의 방만을 의미하는 것이 아니라 거리와 광장 같은 도시의 공간을 포함하고 있습니다. '시내 방들의 사회'로 이해의 폭을 넓힐 수 있지요.

다시 말해서, 건축은 건축물의 내부성과 도시의 공간성을 동시에 드러내는 이중성을 지닌 형태를 만들어 사적인 영역뿐만 아니라 공적인 영역에서도 작동하는 삶의 장치를 만든 것이라고 할 수 있습니다. 그래서 두 개의 성질, 즉 형태의 이중성 중 어느 하나라도 소홀히 여길 수 없습니다.

도시의 공간은 사적인 공간에서처럼 심리적인 만족감 혹은 편안함을 위해 자유로이 화분을 들이고 가구를 옮기고 벽난로의 장식을 바꿀 수 있는 곳은 아니지만, 나와 무관하지 않은 공동체의 삶이 발생하고 사회성이 표출되는 공동의 방인 것만은 분명합니다. 이러한 공동의 방은 다소 정리되지 않고 청결하지 않게 남겨지는데요. 이유는 우리 각자의 방에 대한 애착이나 심리와는 다르게 이곳을 대하기 때문입니다. 아쉬운 점이지요.

요컨대, 건축은 공동체를 위한 실외의 방(도시의 공간)을 실내의 방과 함께 세밀히 고려하여 다룹니다. 건축에서 도시의 공간은 실내의 공간만큼이나 공공의 삶을 가치 있게 만들기 위한 노력이 가미되는 곳이고, 그 결과는 도시의 건축으로 드러납니다.

Part· 2

기억을 지속시켜주는 것은 공간뿐입니다. 지나간 일, 사건, 추억,
모습 등은 시간에 묶여 있는 것이기에 되살릴 수 없습니다. 시간이
되돌아오지 않듯이. 하지만 공간은 지속적인 기억의 가능성을 우
리에게 제공합니다. 공간 한가운데 생생히 붙잡아둔 기억은 바로
그 공간에 의해 그곳에 단단히 뿌리를 내리고, 뿌리내린 그 기억은
결코 사라지지 않을 테니까요.

▼

1장

공간: 악의 보편성과 선의 희귀성

—

건축의 본질은 공간의 창조에 있습니다. 우리의 여정은 남영
동 대공분실과 경동교회 안으로 들어가 한 건축가의 내면에
존재하는 선악의 양면성이 어떤 방식으로 공간화되었는지
체험함으로써 시작됩니다. 인간 속에 내재하는 선악이 투사
된 공간, 상반되고 극적인 공간성(고통과 평온)을 경험할 것입
니다.

—

남영동 대공분실 |서울시 용산구 갈월동|

경동교회 |서울시 중구 장충동|

남영동 대공분실

"악마는 언제나 평범한 사람의 모습을 하고,
우리와 함께 잠을 자며 우리와 함께 밥을 먹는다."
_ 위스턴 휴 오던(Wystan Hugh Auden, 1907~1973)

남영동 대공분실(혹은 남영동 보안분실)은 과거 인권유린의 고통스러운 흔적이 남겨진 역사의 현장입니다. 현재는 '경찰청 인권보호센터'로 바뀌어 잘못된 역사에 대한 자성과 함께 인권보호 활동과 피해자 지원 활동을 하고 있습니다. 이곳은 인권보호와 관련된 법률 및 학술자료를 제공할 뿐만 아니라, 1층의 역사홍보관과 4층의 박종철 기념 전시실 및 인권교육 자료실 그리고 5층의 취조실을 개방하여 인권의 중요성을 전하고 있습니다.

이 건물은 본래 치안본부 대공보안분실로서 1976년 당시 김치열 내무부 장관의 이름으로 공사가 발주되고, 같은 해 10월 2일 건축가 김수근(1931~1986)에 의해 만들어집니다. 한국 현대건축의 선구자 중 한 명으로 평가받는 김수근이 이 건물을 설계한 것은 좀 의외지만, 알고 보면 별로 이상할 게 없습니다. 5.16 군사쿠데타의 주도 세력과 막역했고, 이들의 후원으로 대규모 공공프로젝트 작업을 이미 많이 했었기 때문입니다.

당시 5층이었던 건물은 1983년 12월 7층으로 증축되면서 현재와 같은 모습으로 바뀝니다. 1991년에 치안본부 대공보안분실에서 경찰청 보안분실로, 2005년 7월 26일에는 당시 허준영 경찰청장에 의해 다시 지금의 이름인 경찰청 인권보호센터로 개칭됩니다. 같은 해 10월 4일 '1004! 인권경찰 선포식'과 함께 이곳은 시민에게 개방됩니다.[8] 이때 건물의 역사적 상징성을 살리기 위해 시민이 직접 운영하는 인권보호센터가 되어야 한다는 주장이 일었지만, 경찰청은 거부합니다. 그래서 그런지 평일에만 운영하고 공휴일엔 문을 열지 않습니다.

〈미디어 오늘〉에 연재된 '박래군의 천리길 일기 ⑬; 건축의 대가가 지은 남영동 대공분실, 여기서 박종철이 죽었다'(인터넷판 2011. 11. 8일자)에는 이런 글이 실려 있습니다. "…그러니 경찰의 날이라고 문을 닫아놓는 상황이 나오는 것이리라. 시민들의 발길은 끊기고, 기억되어야 할 인권의 현장은 잊혀가고 있다." 주말과 공휴일을 제외하고는 쉴 수 없는 직장인과 학생들이 접근하기가 어려우니, 박래군의 말이 일리가 있는 것이지요.

1976년의 남영동 대공분실

이미 짐작하셨겠지만, 이 건물 안에는 비인간적이고 반인권적인 공간이 있습니다. 숱한 민주인사들이 잔인하게 고문받았던 5층이 그곳인데요. 이곳은 남산 안기부(내부 시설 철거), 보안사 서빙고호텔(전체 건물 철거)과 함께 독재정권 시절의 악명 높은 고문실이었습니다. 특히 1985년 전두환 정권 때 고故 김근태 의원이 고문 기술자 이근안에게 전기고문을 당했고 1987년 고故 박종철 군이 고문을 받다 사망한 곳으로도 유명합니다.

박종철은 1987년 1월 14일 대공분실 취조실 안에 있는 가로 123cm, 세로 74cm, 높이 57cm의 욕조에서 물고문을 당하던 중 사망합니다. 당시 서울대학교 언어학과 3학년, 불과 23세의 젊디젊은 학생이었습니다. 그의 죽음 이후 경찰은 "(탁자를) 탁 하고 치니 억 하고 죽었다"라는 황당무계한 해명을 내놓습니다.

박종철 고문치사 사건은 국가권력에 의해 철저히 축소되고 은폐됩니다. 전두환 군사독재 정권의 종말을 알리는 6월항쟁(1987)의 기폭제가 된 이 사건은, 당시 담당검사로서 사건의 은폐 및 조작에 관여했다는 의혹을 받고 있는 박상옥 씨가 2015년에 대법관으로 임명되는 과정(정의화 국회의장 직권상정, 새누리당 단독 표결)에서 다시 한번 세간의 조

2015년의 남영동 대공분실 전경

명을 받은 바 있습니다.

　남영동 대공분실 5층의 공간을 살펴보기에 앞서, 우선 김수근과 그의 건축에 대해 몇 가지 중요한 사실을 이해할 필요가 있습니다. 김수근은 김중업(1922~1988)과 함께 한국 현대건축을 대표하는 건축가로 잘 알려져 있습니다. 그는 1958년에 일본 동경예대를 졸업하고 1960년에 동경대에서 석사 학위를 받습니다. 2년 뒤에는 같은 대학의 박사 과정을 수료합니다.

　1960년 박춘명, 강병기와 함께 남산 국회의사당 현상 설계에 당선되면서 한국으로 돌아와 사무실을 열지만 이듬해 5.16 군사쿠데타에 의해 당선작이 무산되는 불운을 겪습니다. 하지만 이후 군사정권의 주요 인물들(특히 김종필)과 친분을 쌓으며 많은 일을 하게 되니, 그로서는 전화위복이 된 셈입니다. 마치 보상이라도 받듯이 여의도, 한강, 남산, 서울 도심 등의 개발공사를 하게 되고 1968년엔 '한국종합기술개발공사'의 대표이사까지 맡게 되는데요. 이 점에서 군사쿠데타 세력과의 유착을 의심해볼 수 있습니다.[9]

　그가 군사정권 시절의 대표 건축가로 자리매김하게 되는 것은 워커힐호텔의 힐탑바(1962), 서울 남산의 반공연맹(현 한국자유총연맹) 본부인 자유센터(1963), 타워호텔(1963), 한국일보 사옥(1965), 부여박물관(1965), 과학기술원 본관 및 아파트(1967), 서울대학교 예술관(1973), 해외개발공사 사옥(1976), 주 인도 한국대사관(1977), 진주박물관(1979), 청주박물관(1979), 새마을지도자 연수원(1980), 지하철 3호선 경복궁역(1981), 인천상륙작전기념관(1982), 경찰청 청사(1983), 주미 한국대사관저(1983), 88올림픽 주경기장(1984), 서울 법원청사(1984), 서울의대 부속

간연구소(1985) 등의 설계를 통해서입니다. 정부, 군, 경찰, 민간 영역의 많은 건축물들이 그의 손을 거치게 됩니다.[10]

　그 과정에서 김수근은 척박한 한국의 건축 토양에 훌륭한 작품들을 다수 남깁니다. 그가 많은 이들에게 회자되며 귀감이 되는 건축물을 남긴 건축가인 것은 분명합니다만 그것이 오로지 그의 설계 능력만으로 이루어졌다고 보기는 어렵다는 점, 건축가에게 치명적일 수 있는 '모방' 의혹과 반일감정을 일으키는 '왜색' 논란에서 자유롭지 못했다는 점 또한 언급하지 않을 수 없습니다.

　무엇보다 그는 1976년 남영동 대공분실을 지은 후 1978년 양덕성당, 1981년 경동교회, 1985년 불광동성당을 만드는데요. 이렇듯 상반된 성격의 건물을 설계했다는 것은 건축가의 정신 혹은 윤리와 관련하여 오랫동안 생각해볼 필요가 있으며, 반드시 짚고 넘어가야 할 대목입니다.

　최근 김수근과 그의 작품에 대한 비평적인 시각이 논문과 기사 등에서 서서히 두드러지기 시작합니다. 사회문화적 측면에서뿐만 아니라 학계에서도 이러한 움직임을 감지할 수 있는데요. 남영동 대공분실이 개방되고 얼마지 않아 발표된 '외관은 김수근답게… 내부는 경악스러움'이라는 글이나, 광주에 신축된 광주문화재단 옆, 시 문화재단이 관리하는 '김수근 아트스페이스'가 합당하지 않다고 하는 기사는 한국을 대표하는 건축가의 이면을 드러내고 있습니다.[11]

치밀하게 설계된 악惡의 공간

　고통스러운 기억에 대한 이야기는 우리 사회 그리고 도시 도처에 산재해 있습니다. 집권과 장기 통치를 위해 공포를 조장하는 것은 하나의 수단이었고, 고문은 효율 높은 도구였습니다. 이것은 우리의 사고와 행동을 억압하고 구속하는 데 결정적 역할을 합니다. 일제강점기 때는 물론이고 해방 이후에도 수십 년간 권력자의 전유물로 사용되었던 고문은 새삼스러운 것도 아니고 그렇게 놀랍지도 않습니다.

유신독재 시절 치안본부 대공보안분실이라는 이름으로 세상에 처음 등장했던 남영동 대공분실은 도시 한가운데 남아 생생히 이를 고발하고 있습니다. 이곳은 한동안 '해양연구소'라는 간판을 달고 용도를 위장했는데요. 마치 심해처럼 도달하기 힘든 인간의 내면을 잔인한 고문을 통해 파헤치기 위해서 해양연구소라고 했는지도 모르겠습니다.

남영동 대공분실의 건축적인 특성은 현재 아라리오 미술관으로 바뀐 공간사옥(1차 1971, 2차 1977)과 다수의 건축물들, 예컨대 농촌경제연구원(1978), 신용보증기금 춘천지점(1979), 덕성여대(1976, 1979) 등에 나타나는 특성들과 유사한 점들이 많습니다. 건물 벽면을 들이고 내밀어 음각과 양각을 조화롭게 하거나, 내부에 나선형 계단을 설치하여 층들을 연결하거나, 한국의 전통적 재료인 검은 벽돌을 사용하거나, 돌출된 창과 세로로 긴 창으로 건물 입면의 비례를 계획하거나, 서로 다른 성격의 공간이 만나는 곳에 바닥과 천장의 높이를 다르게 하거나, 모서리를 접어서 혹은 벽감으로 출입구를 만드는 등의 수법은 70년대 김수근이 즐겨 쓰던 전형적인 건축 특성으로서 그만의 언어라고 할 수 있습니다.

이제부터 남영동 대공분실에 접근해보도록 하겠습니다. 이 건물은 1호선 남영역과 남영삼거리를 지나는 한강대로 사이에 위치합니다. 인상적인 것은 남영역과 대공분실이 철제 벽으로 잘 분리되어 있어서, 전철을 이용하는 승객들이 이승과 저승의 경계라 할 만한 이 건물을 쉽사리 알아차릴 수 없게 되어 있다는 점입니다. 건물 외벽에서 불과 십여 미터 떨어진 남영역 승강대 위의 승객들은 저 검은 벽돌의 건물 내부, 인간이 짐승보다 못한 취급을 받으며 끔찍한 지옥을 경험했을 비명의 공간을 눈치채지 못합니다.

건물의 용도 자체가 보안이었으므로 주변을 둘러친 벽은 어쩌면 당연할 것입니다. 현재 칸막이 철제 벽이 설치된 남영역에서 대공분실이 한눈에 들어오지는 않지만, 주변의 다른 건물들과는 확연히 다른 모습임을 알 수 있습니다. 특히 5층의 폭 좁은 19개의 창문은 이 건물의 특수성, 이 건물이 가지고 있는 잔인하고도 아픈 이야기를 복선처럼 보여주는 듯합니다.

앞의 글에서 "공간은 절연될 수 없는 연결성을 갖고, 공간을 에워싸는 형태는 공적인 시각의 효과를 주며 공동체를 위한 삶의 공간에 일조한다"고 언급하였습니다. 이런 맥락에서 남영동 대공분실 5층의 특수한 공간을 읽어가면 그렇지 않은 점들이 금세 발견됩니다. 일단 취조 및 고문을 위한 공간으로서의 기능을 은밀하게 수행할 수 있도록

남영역 너머로 보이는 대공분실

폐쇄적으로 설계되어 있습니다. 이 특수한 목적 때문에 생겨난, 일반적이지 않은 공간의 불연속성이 눈에 띕니다. 전체적인 형태, 즉 건물의 비례를 고려하여 미려한 효과를 주기 위해 디자인되어 있긴 하지만 공적인 삶의 영역과는 괴리가 있음을 알 수 있습니다.

남영역 1번 출구에서 나와 우측으로 두 번 돌면 정면으로 어두운 벽돌 건물이 눈에 띕니다. 검은 벽돌은 다소 무거운 인상을 주며 주변의 건물들과 뭔가 다른 성격의 건물임을 암시하고 있습니다.

누군가는 검은색이 주는 인상을 공포와 연관 지어 생각할지도 모르겠습니다. 이 건물 안에 고문의 공간이 있음을 알고 있는 사람이라면, 그리고 박종철이 고문에 의해 여기서 죽었다는 것을 알고 있는 사람이라면 검은색을 암울한 시기 혹은 고문의 끔찍함과 자연스레 연결시켜 생각할 수 있습니다.

그러나 검은색의 벽돌은 건물의 용도와 특별한 관계를 갖지는 않습니다. 전통적으로 벽돌을 사용하여 지은 건물이 흔하지는 않지만, 정조 때 축성된 수원성에서 정약용이 검은 벽돌을 사용한 바 있습니다. 김수근은 1960년대 후반 부여박물관이 왜색 시비에 휘말린 이후 '우리 것'에 대한 오랜 고민 끝에 전통적인 재료로서 검은 벽돌을 선택하여 사용합니다. 1971년 공간사옥을 비롯하여 대우 아케이드, 수표교 공원, 서울교대 등에서 이 벽돌이 사용됩니다. 아래 글은 이를 뒷받침합니다.

김수근은 주택(우촌장)을 설계하면서 "인근 한옥들과 조화를 이룰 수 있는 재료를 물색하는 과정에서 한국 고유의 전통적인 재료인 회색 전돌을 사용"하게 되었다고 밝힌 바 있다. 그러나 이 건물(남영동 대공분실—인용자)에서도 같은 생각으로 검은 벽돌을 사용한 것 같지는 않다. 우촌장과는 달리 주변에 전통주택이 없기 때문이다. 오히려 70년대 초 주택에서 시도한 검은 벽돌에 자신감을 확보한 건축가가 그 용도를 공공건물에 확대 적용한 결과라고 하겠다. (안창모, 「외관은 김수근답게… 내부는 경악스러움」, 〈교수신문〉 인터넷판 2005. 10. 29)

남영동 대공분실엔 당시에도 있었을 법한 담벼락 위 철망이 있고, 건물의 용도를 연상케 하는 육중한 철제 슬라이딩 출입문과 철제 여닫이 대문이 이중으로 되어 있습니다. 철제 슬라이딩 문은 두께가 상당하고 육중하여 사람의 손으로 개폐할 수 없습니다. 경비실에서 조작하여 기계에 의해 열리게 되어 있는데요. 여닫히는 소리 또한 매우 큽니다. 현재는 당시와는 달리 짙은 남색으로 덧칠되어 있습니다. 당시에는 항상 닫혀 있었지만 지금은 열려 있어서 지나가는 사람들이 안쪽 넓은 마당과 원형 화단을 볼 수 있습니다.

이곳에 끌려오는 피해자는 차량에 실려 대문을 지나 건물 앞에서 내리게 됩니다. 손은 포박되고 눈은 가려진 채 말이지요. 끌려오는 동안, 그리고 철제 대문이 열리고 육중한 또 하나의 문이 미끄러지는 소리를 내며 열릴 때, 그들은 어떤 생각을 했을까요? 다시 돌아나가지 못할 것 같은 지옥 같은 곳이라고 짐작했을까요?

공간의 기능뿐만 아니라 공간이 인간에게 미치는 심리적 영향을 잘 알고 있는 건축가는, 이곳이 취조 및 고문이 이루어지는 건물임을 인지하여 그것의 은폐와 엄폐를 설계에 반영합니다. 건물의 목적과 용도를 파악하여 의도에 맞게 건물을 설계하는 것이 건축가의 임무니까요. 앞에서 언급한 교수신문에는 "설계자가 건물 용도를 알고 그 용도에 맞춰 디자인을 적용한 것 같다"라고 적고 있습니다. 당연히 건축가의 의도는 건물 곳곳에 반영될 수밖에 없겠지요.

좌측으로 남영동 대공분실의 현관이 보이고 우측으로는 피해자의 동선이 이어지는 건물의 측면이 보입니다. 정문을 통과한 차량은 곧 멈춰 서고, 피해자는 수사관에 의해 내려져 건물 측면을 돌아서 뒤쪽 쪽문으로 끌려가게 됩니다. 건물 전면의 현관과 뒤쪽의 쪽문은 행정 업무를 위한 동선과 취조 업무를 위한 동선을 분리해 둔 건축가의 의도입니다.

이와 같은 의도는 곳곳에서 보이는데요. 예컨대 본관과 분관의 분리와 연결, 돌출된 창문과 민창문의 적절한 조화, 건물 후면의 불규칙한 민창문, 5층의 폭 좁은 19개의 창문 등이 그렇습니다. 특히, 폭이 좁고 세로로 긴 19개의 창문이 정렬된 5층은 다른 층과 성격이 다르다는 걸 한눈에 알아차릴 수 있습니다. 이 창문은 이곳에서 자행되는 고문을 은폐하기 위한 용도로 특별하게 설계되었지만, 다른 요소들과 조화를 유지하도록 디자인한 점에서 건축가의 치밀함을 엿볼 수 있습니다.

남영동 대공분실의 이중 대문

건축은 절연된 공간을 만들 수 없고 어떤 식으로든 연결되는 공간을 만들어내지만, 여기서는 특수한 목적에 맞게 건축가가 최대한 외부와 단절되게 공간을 계획했다는 점을 알 수 있습니다.

요컨대, 이 건물은 외부에서 눈에 잘 띄지 않게 계획되어 있고, 행정업무와 취조 업무를 분리하여 일반 행정직원과 피해자가 서로 마주치지 못하도록 동선을 분리하여 설계되었으며, 5층의 고문 공간이 노출되지 않도록 특수하게 디자인된 창문이 전체 건물의 외관, 특히 전면 파사드의 비례를 해치지 않게 디자인되어 있습니다. 이런 점에서 건축가의 의도가 설계에 제대로 반영되었다는 점을 알 수 있습니다.

남영동 대공분실 입구와 측면

남영동 대공분실 후면 쪽문

　피해자의 동선을 따라 건물 내부로 들어가 보겠습니다. 위의 두 사진은 피해자가 몸부림치며 끌려가는 모습을 보여주는 듯합니다. 약간의 상상력을 동원해보면, 쪽문 계단 앞 검은 아스팔트 위에 상흔처럼 나 있는 희끗한 얼룩은 가해자와 피해자 사이에 있었던 격렬한 실랑이의 흔적처럼 보입니다. 가해자는 끌고 들어가려 하고 피해자는 끌려 들어가지 않으려 안간힘 쓰다 남겨놓은 것 같은……. 과도한 상상일 수도 있지만 충분히 일어났음직한 일입니다. 실제로 여러 피해자의 증언에 따르면, 건물로 들어가기 전에 적잖이 구타를 당하고 5층으로 끌려갔다고 합니다.

　끌려 들어간 피해자는 1층과 5층을 곧바로 잇는 나선형 계단을 타고 취조실로 올라갑니다. 현재 나선형 계단은 철재로 되어 있으나 원래는 철근콘크리트 계단으로 지어졌습니다. 지금 이 계단은 안전상의 이유로 폐쇄되어 있습니다만 실내에서 확인이 가능합니다.

여기서 흥미로운 점이 하나 있습니다. 취조실은 대개 지하의 어두 컴컴한 곳에 있게 마련인데 이곳은 그렇지 않다는 것이지요. 취조당 하는 사람에게 심리적 위압감을 주고, 고문에 의한 비명을 묻을 수 있고, 혹여 있을지도 모를 투신자살을 막기에 가장 적당한 곳이 지하 공간입니다. 그런데도 취조실을 굳이 5층에 둔 걸 보면 건축가가 생각하는 또 다른 의도가 있지 않았을까 하는 생각이 듭니다.

눈이 가려진 피해자는 자신이 끌려온 방향이나 끌려 올라간 층수를 기억하기 쉽지 않았을 것입니다. 1층에서부터 쉬지 않고 올라가는 나선형 계단에는 대략 3m 간격으로 있어야 할 계단참이 없으므로, 자신이 몇 층에 도달했는지 알아차릴 수 없기 때문입니다. 위치감각의 상실과 그로 인한 공포는 바로 여기서 절정에 다다르게 되지요.

김수근은 원래 나선형 계단을 즐겨 썼는데 여기서는 그 의도가 매우 적극적이지 않았나 생각됩니다. 어쩌면 이것 때문에 취조실이 지하가 아닌 5층에 만들어진 게 아니가 싶을 정도로요. 이 계단은 5층의 고문 공간을 은밀하게 연결하기도 하지만, 5층의 공간을 분리시켜 고문을 은폐하고 엄폐하는 기능도 합니다.

1층에서 5층으로 곧바로 연결된 나선형 계단

나선형 계단과 이 계단실의 불규칙하고 좁은 창으로 들어오는 흐릿한 채광은 고문의 시작을 알립니다. 이곳은 공간의 형태와 빛의 사용만으로 공포를 만들어내는 아주 독특한 공간입니다. 눈을 가린 피해자에게 무슨 빛이 필요하겠는가라고 생각했을까요? 건축가가 생각했을 그 어떤 것이 명확하게 드러나는 공간 같습니다.

어둡고 습한 원통형 계단실에 들어선 피해자는 육감적으로 일반적이지 않은 공간으로 끌려가고 있다는 것을 눈치 챘을 것입니다. 그리고 1층에서 5층 천장까지 뚫려 있는 공간에서 발소리와 수사관의 윽박지르는 음성이 서로 뒤섞여 울려대는 소리는 끌려 올라가는 이에게 극심한 심리적 공포를 불러일으켰을 것입니다. 건축적으로 전혀 일반적이지 않은 이런 공간은 건축가의 특별한 의도 없이는 만들어지기 어렵습니다. 건축가의 내면에 자리한 어떤 악함 같은 것이 작용하지 않았을까 싶습니다.

5층 평면도에서도 두 개의 동선이 발견됩니다. 하나는 사무를 위한 수직 동선, 다른 하나는 취조를 위한 수직 동선입니다. 전자는 계단참이 있는 전형적인 박스형 계단실과 그 옆 승강기이고 후자는 나선형 계단실과 그 옆 승강기인데요. 사무를 위한 수직 동선은 모든 층과 연

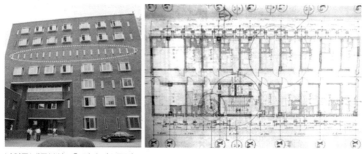

남영동 대공분실 5층 평면도(오른쪽). 2015년 국회 행정안전위원회에 제출된 경찰청 자료

결되어 있는 반면 취조를 위한 수직 동선은 그렇지 않습니다.

나선형 계단과 그 옆 승강기는 1층에서 5층으로 바로 연결됩니다. 피해자는 나선형 계단실을 통해 5층으로 끌려 올라가고, 다른 상급 조사관은 그 옆 승강기를 이용하여 5층 취조실로 올라갑니다. 이 승강기에는 층수 표시가 없습니다. 중간층에는 서지 않는 이 승강기는 때때로 피해자가 의식을 잃거나 저항이 완강할 때 이용되었을 것으로 짐작합니다.

나선형 계단실을 나오면 취조실이 있는 5층 복도로 들어서게 됩니다. 드디어 공포의 공간, 박종철에게는 죽음의 문지방이 되었던 5층에 이릅니다. 1990년대에 모든 방이 개조되었지만 유일하게 509호실만은 현재까지 원형대로 유지되고 있습니다. 박종철이 고문을 받는 도중 사망한 곳이 바로 이곳입니다. 그리고 재야운동가 김근태가 고문 기술자 이근안에게 고문당한 515호실이 있습니다.

물론 다른 방에서도 우리가 기억하지 못하는 많은 분들이 고문을 당했습니다. 아래 글에 등장하는 간첩 조작사건의 피해자 함주명도 그중 한 명입니다.

나선형 계단 옆에 설치된, 1층에서 5층으로 바로 연결된 승강기

당시 계급이 경위였던 이근안은 자기가 고안했다는 전기고문 기계와 물고문으로 딱 죽기 직전까지 고문을 했다. "이근안은 손 두께가 다른 사람 두 배였어요. 특히 가슴을 주로 때렸는데 숨을 못 쉴 지경이었어요. 어깨를 때리면 금세 팅팅 부었는데, 거길 볼펜으로 찌르면 자지러질 듯이 아파요. 천하장사도 못 배깁니다."

가장 고통스러운 고문은 칠성판에 눕혀놓고 "아래서는 전기고문을 하고 위로는 물고문"을 하는 것이었다. 양쪽 새끼발가락에 전기를 연결해놓고 얼굴에 수건을 덮어씌운 뒤 샤워기를 트는 것이다. 함씨는 요즘도 자다가 비명을 지르며 잠이 깨곤 한다. 비몽사몽간에 떠오르는 장면은 물속에서 숨을 쉬지 못해 답답해하다 갑자기 코와 입으로 물이 쏟아져 들어오는 순간이다.

재심 무죄 1호 간첩인 함씨는 무기징역을 선고받고 감옥에서 16년을 보낸 뒤 1998년 68살이 되어서야 '광복절 특사'로 가석방됐다. 16년 내내 결백을 주장하던 함씨는 출옥 뒤 민주화실천가족운동협의회 남규선 간사와 강금실·조용환 등 인권변호사의 도움으로 마침내 재심 판결을 이끌어냈고 무죄를 확인했다. 함씨의 승리 이후 숱한 조작간첩 사건의 재심 무죄 판결이 잇따르고 있다.(「'조작 간첩' 함주명이 묻는다. "국가여 그 짓을 또 하려는가"」, 〈한겨레〉 2014. 4. 6)

나선형 계단과 연결된 복도의 문은 다른 취조실 문과 모양이 같습니다. 출구의 특징이 전혀 없으므로 유사시 탈출을 불가능하게 하거나 지연시키려는 목적이 있습니다. 5층에는 총 17개의 방(앞의 평면도에서 오른편 맨 끝 하단의 화장실을 제외하면 16개)이 마치 기숙사나 오피스텔과 같은 구조로 구성되어 있고, 각각의 문은 서로 엇갈리게 배치되어 있습니다. 혹시라도 반대편 문이 동시에 열렸을 때 내부가 보이지 않도록 하기 위함입니다. 피해자는 이렇게 치밀하게 설계된 독방으로 끌려와 인간의 존엄이 끝없이 추락하는 고통을 경험하게 됩니다.

2012년 11월 6일 경찰청은 민주당 임수경 의원(국회 행정안전위원회)에게 영문으로 '남영동 오피스 빌딩'이라 적힌 남영동 대공분실의 설계도면과 시방서(공사 순서를 적은 문서)를 제출합니다. 이때 5층의 평면도가 처음으로 공개됩니다. 이 자료를 보면 '인간의 공포를 극대화하는 구조로 설계되었다'는 점을 확인할 수 있습니다.

다음은 남영동 대공분실에 관한 자료가 제출된 다음 날인 2012년 11월 7일의 〈한겨레〉 기사 「남영동 대공분실 5층 창문의 비밀」 중 일부입니다.

일반 사무실로 이용한 1~4층과 달리 꼭대기 층인 5층(이후 증축해 현재는 7층 건물)에는 설계 단계부터 다른 층의 8분의 1도 되지 않는 작은 창문을 배치했다. 너비가 겨우 30㎝에 불과하다. 채광을 최대한 억제하고 탈출을 방지하려는 의도로 보인다. 고 박종철 씨와 김근태 전 민주당 상임고문이 고문을 당했던 곳도 이곳 5층 조사실이었다.

평면도에서 왼편 두 개의 방은 다른 방보다 두 배가량 큰데요. 그중 아래쪽 방이 고 김근태 고문이 고문당했던 515호실입니다.

복도의 모든 곳이 덧칠되어 있는 것처럼 이곳도 녹색으로 덧칠되어 있습니다. 내부의 벽과 집기의 칙칙하고 무거웠던 색이 연한 연두색으로 덧칠되었으나, 기억은 여전히 이 공간에 남아 고통의 순간들을 말해주고 있습니다. 남산의 안기부와 보안사 서빙고호텔에 비해 남영동 대공분실은 몇몇 부분을 제외하고 원형대로 남겨져 있어 참 다행스럽

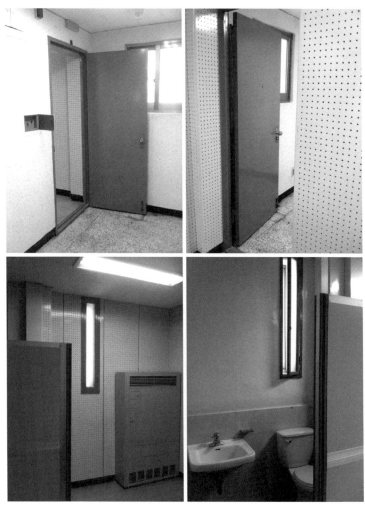

고(故) 김근태 의원이 고문당했던 515호

습니다.

다른 곳과 마찬가지로 515호실은 감시와 고문을 위한 장치들로 가득합니다. 보통 문에는 안에서 밖을 내다볼 수 있는 렌즈가 달리게 마련인데요. 이와는 반대로 취조실 문에는 밖에서 안을 들여다보기 위한 렌즈가 있고, 안에서는 열 수 없는 돌아가지 않는 손잡이가 달려 있습니다. 출입문 쪽 벽과 천장이 만나는 모서리 부분에 비스듬히 붙어 있는 검은색 불투명한 재질 속에 감춰진 감시카메라, 형광등의 밝기를 조절하는 다이얼 장치 등은 영화 〈올드 보이〉에서 주인공이 15년간 갇혀 있던 감금실을 연상시킵니다.

특히 인상적이었던 것은 안에서 문을 열 수 없다는 점입니다. 방에서 나가려면 벽에 부착된 작은 벨을 눌러야 하는데요. 그러면 밖에서 문을 열어줍니다. 자해 방지를 위해서 책상의 모서리가 둥글게 처리된 점 또한 인상적입니다.

모든 취조실에는 외기에 접하는 쪽에 폭 좁은 창문이 있습니다. 두 개의 큰 취조실에는 세 개의 창문이 있고, 열 개의 방에는 두 개의 창문이 그리고 나머지 네 개의 방에는 하나의 창문이 있습니다. 외부에서 보이는 건물 전체 입면의 비례와는 다른 한 뼘 정도의 폭 좁은 창은 이중으로 되어 있는데 벽의 두께가 40cm가 넘습니다. 이 창문은 너무 좁아서 활짝 열어두어도 실내 공기가 환기되기 어렵습니다. 그래서 환풍기 역할을 하는 제법 큰 장치가 설치되어 있는데, 가스라도 나올 것만 같은 느낌이 듭니다. 〈올드 보이〉의 감금실처럼, 혹은 아우슈비츠처럼.

창문에는 환기, 채광, 유사시 탈출 등의 기능이 있습니다. 이러한 기능적 역할뿐만 아니라 공간을 점유하는 사람에게 심리적인 영향 또한 미치기 때문에, 건축가들은 창문의 위치나 크기 그리고 개수를 정하는 데 신중을 기합니다. 채광과 환기의 목적에 따라 창문 면적은 차이가 나지만, 이러한 중요성 때문에 건축법은 창문의 크기를 바닥 면적의 최소 10%로 정하고 있습니다. 하지만 이곳 창문의 면적은 전체 바닥 면적의 5% 정도밖에 되지 않습니다. 특히 창문이 하나씩만 있는 네 개의 고문실은 그 불균형이 훨씬 심한 편입니다.

폭이 좁고 세로로 긴 창은 외부에서 보이는 건물의 입면을 고려하고, 조사와 고문을 위한 내부 공간의 기능을 잘 반영하여 나온 디자인입니다. 다시 말해서, 창문의 형태는 고문이 일어나는 내부 공간의 용도를 외부에서 눈치채지 못하도록 엄폐 및 은폐하기 위한 목적뿐만 아니라, 건물 입면의 비례를 생각하여 다른 층의 창문과 조화를 이루기 위한 미적인 목적으로 고안된 것입니다.

내부 공간(고문 공간)의 기능을 극대화하기 위해 실내 벽은 타공판으로 마감됩니다. 타공판은 소리를 흡수하는 데 효과적인 마감 재료입니다. 고문에 의한 비명을 흡수하여 외부로 빠져나가지 못하도록 하기 위한 것이지요.

설계도는 다른 층에 없는 천장 흡음판을 4층과 5층에 설치하도록 했다. 고문 등으로 인해 5층 조사실에서 발생할 소음이 다른 층으로 새나가지 않도록 미리 조치한 것으로 보인다. 시방서는 조사실 천장에 달리는 전구의 형태, 색깔, 밝기까지 지정했다. 모든 형광등은 스프링 소켓을 사용하고, 백열등에는 특정한 형태의 갓을 반드시 씌우고, 외면은 은회색 멜라민 도장, 반사면은 백색 멜라민 도장으로 해야 한다고 일일이 지정했다. …노출되는 전구에는 철제 덮개를 씌우도록 했는데, 외부 충격으로 전구가 깨질 것에 대비한 것으로 보인다. 안창모 교수는 "과거 한국에서 조명 분야의 설계가 대부분 부실했는데, 조명의 색까지 지정한 시방서는 굉장히 꼼꼼하게 작성된 것"이라며 "건축가 또는 건축주의 의도가 치밀하게 반영됐다는 것을 보여준다"고 말했다. (앞의 〈한겨레〉 기사)

소리는 반사되어 울립니다. 동굴에서 혹은 가구나 집기가 다 빠진 방에서 이야기하면 소리가 울리게 되는 것처럼, 실내 공간에서 벽면에 부딪혀 되돌아오는 소리(잔향)가 크면 다소 신경에 거슬리는데요. 누구나 한번쯤 경험해보았을 것입니다. 이 잔향을 어떻게 제어할 것인가는 음악당을 설계할 때 가장 중요한 주안점이 됩니다.

타공판은 저음의 주파수를 효과적으로 흡음하는데요. 재미있는 것은, 고음의 주파수는 벽에서 튕겨 나오기도 하지만 벽을 파고들어 반대편 벽면 너머로 전달된다는 점입니다. 옆방에서 벽면을 타고 전달되는 가늘고 날카로운 비명은 공포를 느끼게 하기에 충분합니다. 결국, 옆방의 비명을 듣는 피해자는 간접 고문을 받게 되는 것이지요.

음악 녹음실에서 사용하는 완전한 흡음재 대신 목재로 된 타공판이 사용된 것은 이것을 활용하여 다른 취조실에 비명을 전달하고자 했던 게 아니었을까 하는 짐작을 하게 만듭니다. 살갗을 파고드는 듯한 옆방의 비명은 어둡고 퀴퀴한 고문실에서 가뜩이나 심약해진 피해자에게 공포를 배가시키는 효과를 가져왔을 것입니다. 김근태가 남긴 글은 당시의 상황이 어땠을지 가늠케 합니다.

그 비명들은, 사람들이 바뀌면서 계속되던 비명은 송곳같이, 혹은 날카로운 비수처럼 번쩍거리는 그런 것이 아니었습니다. 돼지기름처럼 끈적끈적하고

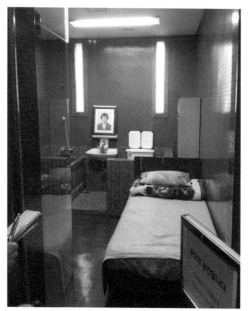

박종철이 살해된 509호(박종철 추모공간)

4층 박종철 기념 전시실

비계처럼 미끄덩미끄덩한 것이었습니다. 살가죽에 달라붙은 그 비명은 결코 지워질 수 없는 그런 것이었습니다. 먹이 따진, 흐느껴대는, 낮고 음산한 울러퍼짐이었습니다. 슬픔이나 비장한 느낌이 들기는커녕 속이 완전히 뒤집히고 귓구멍을 틀어막아도 파고들어왔기에 참으로 견딜 수 없는 것이었습니다. (김근태, 1987, 32면)

그렇게 벽면을 타고 서로 주고받는 비명 사이에서 외마디 비명도 지르지 못하고 죽은 박종철이 있습니다. 원형이 유지되고 있는 509호실이 그곳입니다. 문 앞 침대 옆으로 책상과 의자, 안쪽으로는 세면대와 욕조(일반 욕조의 절반 크기) 그리고 변기가 있는데요. 언뜻 보기에 작은 원룸형 작업실을 연상시키는 실용적인 공간으로 보입니다. 하지만 유치장보다 더 심한 감금과 고문 장치로 이용된 공간입니다. 3개 조로 나뉜 고문 기술자들은 24시간 고문을 가하면서 박종철을 죽음으로 몰아넣었습니다. 결국 박종철은 욕조와 칠성판에서 물고문을 받다가 죽습니다.

515호실이 옅은 녹색으로 덧칠되어 있는 반면, 여기는 암갈색으로 덧칠되어 있습니다. 원형대로 보존되어 있다는 설명을 듣긴 했지만, 40여 년 된 건물의 내부 벽에서 빛이 반사될 정도라면 같은 색 혹은 다른 색으로 덧칠된 것이겠지요.

세면대와 욕조는 고문하기에 알맞게 배치되어 있고, 1인용 침대 위로 요란한 구식 담요와 병원에서나 쓰였을 법한 파란색 시트가 놓여 있습니다. 바닥에 고정된 침대, 철제 집기, 철망으로 채워진 전구, 고문 도구로 사용된 전기 콘센트 등은 "탁 하고 치니 억 하고 죽은" 박종철이 그의 생에서 마지막으로 본 공간의 모습입니다.

형이 확정된 사람을 구금하는 감옥보다 더 심한 인권유린이 자행된 야만의 공간, 그럼에도 불구하고 되돌아보면 민주주의를 열망하던 이의 이상만은 끝내 죽이지 못했던 공간입니다. 아래층인 4층에는 2007년 마련된 인권교육 자료실과 박종철 기념 전시실이 있습니다.

이곳은 1980년대 민주화운동에 대한 기록물, 박종철 열사의 생전 편지, 일기, 유품 등이 전시되어 있습니다. 스물셋의 앳된 청년이 튕겼을 통기타가 눈에 와 박힙니다. 부재에서 오는 상실감 같은 것일까요? 주인 잃은 물건이 풍겨내는 그 어떤 것이 안타까움을 더욱 자극합니다.

공간 구성은 특별한 것이 없습니다. 고문에 초점을 맞추어 건축가가 설계한 건물의 동선 분리, 5층의 공간 구성, 가구, 조명, 창문 등에 비하면 이곳의 전시 공간은 상대적으로 단출합니다. 가장 안쪽 벽면에 박종철의 유품이 걸려 있고, 이 벽면을 제외한 나머지에는 당시 시대 상황에 관한 자료가 붙어 있습니다. 가운데 전시대엔 박종철의 편지와 글이 보관되어 있어 당시 그의 생각을 읽을 수 있습니다.

이곳을 내려와 본관과 분관 사이에 있는 건물의 출구로 나오면서 두 건물의 덩어리가 만나는 형태, 김수근이 세심히 고려하여 설계한 부분을 봅니다. 측면도 후면도 하나같이 공을 들이지 않은 곳이 없습

근처 카페에서 바라본 대공분실

니다. 앞마당을 걸어 나오면서 둥근 화단과 나무들이 있고 벤치가 있는 정원 그리고 테니스장을 봅니다. 고문 기술자들이 '작업'을 하고 난 뒤 쉬었을 앞마당, 커피를 마시고 담배를 피웠을 화단, 땀 흘려 운동했을 테니스장, 독재에 맞서 싸우는 민주주의자들을 조롱하며 걸었을 정원, 이런 곳들이 눈에 와 박힙니다.

기억해야 할 것과 생각해야 할 것

군사정권 시대의 대표 건축가 김수근. 1970년대 그의 건축적 특성이 고스란히 담겨 있는 남영동 대공분실은 음각과 양각의 비례로 계획된 입면, 접힌 모서리, 벽감으로 만든 출입구, 잘 분리된 동선, 심리적 고통을 배가시키는 나선형 계단, 고문을 은폐하기 위해 특별히 계획된 19개의 창문, 고문에 효율적인 공간 구성과 집기 디자인과 마감재로 만들어진, 현대 건축물 중 가장 악의적인 공간을 품고 있는 건물입니다.

건축가의 윤리를 다시금 생각하게 하는 이 공간을 탈출하듯 빠져나와 길모퉁이 카페에 앉아서 마음을 가라앉히고 생각을 정리합니다. 햇살 좋은 곳에서 커피 한 잔과 함께 일상으로 돌아온 우리에게 힐끗 보이는 검은 벽돌의 남영동 대공분실은 여전히 주위의 건물들 사이에 서 있습니다. 아무 일 없었던 듯이.

▼

위치 서울특별시 용산구 갈월동 98-8 (용산구 한강대로 71길 37)
　　　(02)3150-2639
교통 지하철 : 1호선 남영역 1번 출구, 4호선 숙대입구역 7번 출구
　　　버스 : 100, 150, 151, 162, 262, 503, 505, 507, 750A(간선)
　　　1711, 7016, 7024, 2016, 0018(지선)　용산 02, 03, 04(마을)
개관 월~금 09:00-18:00 (18:00-20:00 견학시 예약 필요)

경동교회

62

"역사의 현장 속에서 교회는 무엇인가?"

_ 강원용(1917~2006)

경동교회는 해방 전 '선한 사마리아 사람 형제단'이라는 이름으로 빈민을 돕다가 해방 후 선린형제단(착한 이웃 형제단) 전도관을 설립한 강원용 목사에 의해 세워집니다. '성야보고 전도교회'라는 현판을 옆에 단 이 전도관은 이후 서울의 동쪽에 있는 교회란 뜻의 경동교회로 이름이 바뀝니다. 경동교회는 한국전쟁 후 임시로 지은 가건물을 사용하다가 1965년 창립 20주년에 낡은 건물을 허물고 새로운 교회를 건축하는 것으로 의견이 모여 현재 모습의 교회당으로 지어집니다.

당시 낡은 건물을 전면적으로 보수하는 것, 대지와 건물 매각 후 이전하는 것, 같은 자리에 신축하는 것 등 세 가지 의견이 나왔지만 선교 100주년 기념과 함께 신축을 만장일치로 결정합니다. 1979년 11월 11일 신축비 3억5천만 원이 교인들로부터 헌금되고 이듬해인 1980년 1월 1일 건축위원회 구성이 추진됩니다. 2월에 공간연구소와 설계 계약을 맺어 6개월 후인 8월에 설계가 완료되고 시공은 신동아건설에서 맡게 됩니다.

1980년 공간사 사장(공간연구소 대표)이자 경동교회의 장로 양우석의 주선으로 김수근이 경동교회 설계자로 선정됩니다. 김수근은 그해 설계를 완성하고 공사를 시작하여 이듬해 완공합니다. 이렇게 해서 경동교회는 1978년에 지어진 마산 양덕성당, 1985년에 지어진 서울 불광동성당과 함께 김수근이 지은 3대 종교건축물 중 하나로 남게 됩니다.

당시 강원용은 "역사의 현장 속에서 교회는 무엇인가?", "교회는 세계적이고 시대를 초월하고 영원과 이어지는 보편성이 있는 반면 '지금 여기에' 있다고 하는 특수성의 측면도 있어서, 이 두 측면 중 어느 한 쪽으로 치우쳐도 안 된다" 그리고 "한국적인 것은 바로 생명력이다"라고 말하며 (강원용, 「새 교회당의 신학적인 조명」, 교회 팸플릿) 이러한 점들이 건축에 반영되기를 희망합니다(정인하, 2000, 211면).

남영동 대공분실을 만든 건축가라는 점을 상기해보면 차마 믿기 어렵지만, 김수근은 "인간과 그 신앙의 대상인 신의 관계가 인간과 인

경동교회

간과의 관계의 표본이 되어 신자와 성직자, 그리고 그들이 이루는 교파와 그들을 둘러싼 사회, 나아가서는 인간과 다른 피조물 간의 관계가 대립적 관계가 아닌 신앙에서 하나라는 '공동체 의식' 아래 이루어지는 만남, 이 만남이 이루어지는 장, 그것이 교회다'라고 하며 이것을 교회 건축에 반영합니다(이용재, 2007, 190면).

그러나 강원용과 김수근의 희망 혹은 이상이 새 교회당에 적절하게 반영되었다고 보기는 어렵습니다. 또한, 경동교회는 "역사의 현장 속에서 교회는 무엇인가?"라는 물음에 대한 응답이라고 강원용 목사는 말하지만, 여기서 말하는 경동교회는 신축된 건물이 아니라 경동교회 그 자체를 의미하는 것 같습니다. 왜냐하면, 건물에 나타나 있는 폐쇄적인 형태는 오히려 그 반대에 가깝기 때문입니다.[12]

초기 설계는 도로에 면해 있는 부분을 일반인이 접근할 수 있게 계단식으로 처리하면서 경동교회의 정신과 부합하는 개방적 형태로 계획됩니다. 그러나 초기의 계단식 건물 개념이 이후 '옥상 채플'로 발전하면서 현재의 문제적 형태로 지어지게 됩니다. 주변과 단절되고 오히려 차별성이 두드러지는 형태는 이 건물이 지닌 폐쇄성을 강조하고 있는 듯합니다.

유럽의 중세 성당들은 도로면에 접한 공간을 광장처럼 넓게 확보하고 짓는데요. 이곳은 예배 전후 많은 사람이 들어가고 나갈 때 혼잡을 피할 수 있게 만든 배려의 공간이고, 만인에게 베푸는 종교적 성격이 가미된 공간이며, 모두가 소통할 수 있는 공공을 위한 공간이라고 할 수 있습니다. 하지만 경동교회의 경우, 부지가 넓지 않아 이러한 공간을 확보하는 데 어려움이 있었던 것을 감안하더라도, 다음과 같은 설계의 문제점을 지적하지 않을 수 없습니다.

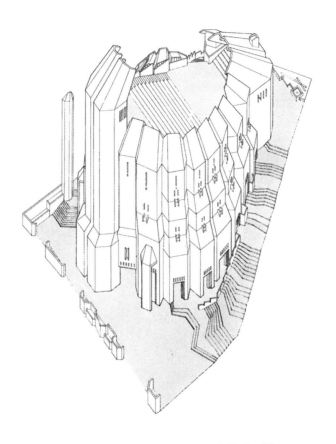

전면부-예배당 출입구(후면)-옥상의 열린 채플을 잇는 계단
김수근 건축작품집, 공간사, 1996, 165면.

우선 도로에 면해 있는 진입부를 안으로 들이면서 만들어진 공간은 대지의 조건을 고려했을 때 공간의 공적인 기능을 최대한 반영한 것으로 보이고, 예배를 위해 걸어 들어오는 신자를 맞이하는 공간은 교회당이 주는 폐쇄적인 느낌을 미미하게나마 완화하고 있습니다. 그러나 이 공간은 예배시간 전후로 붐비게 되는 문제점을 해결할 수 있을만큼 넓은 공간이 아니라는 점과, 이곳을 넓히기 위해 건물을 도로 반대편으로 바짝 붙여 설계하면서 예배당 출입구(건물 후면) 앞 공간이 협소해진 점은 실용적인 측면에서 공간의 기능을 제대로 구현하지 못한 것으로 보이기에 충분합니다.

따라서 이 두 공간을 잇는, 예배당 출입구 쪽으로 올라갈수록 좁아지는 계단은, 속俗과 성聖이 전이되는 종교적인 의미로 계획된 점을 긍정적으로 평가하더라도 억지스러워지고 마는 것이지요. 물론 이 계단이 예배당 출입구 앞 공간을 지나 반대편 공간과 옥상 채플로 연결되는 순환의 동선 체계를 갖는 점을 고려하더라도, 좀 더 고민하였더라면 이러한 문제를 해결할 수 있었으리라 생각합니다.

요컨대, 외부에서 드러나는 가장 아쉬운 것은 동선 체계를 건물 밖으로 빼면서 전면과 후면의 공적인 영역의 공간이 충분히 확보되지 못한 점과, 이로 인하여 공간의 기능이 반감되고 있다는 점입니다.

닫힌 공간, 머나먼 신神

거친 파벽돌로 마감된 교회의 형태는 스무 개의 손가락이 모여 하늘을 향해 기도하는 듯한 형상을 하고 있습니다.

기도가 신과 인간의 만남이라면, 인간과 인간의 만남 또한 이 장에서 이루어져야 하며 그 만남의 대상이 무엇이든, 그것은 기쁨과 즐거움으로 충만해야 한다. _김수근(이용재, 2007, 187면)

스무 개로 분절된 외벽의 모습은 성모 마리아와 아들 예수의 손가락을 의미하는 것으로 알려져 있는데요. 기도하는 손의 모양이 연상되기도 하지만 파벽돌이 주는 견고함 때문에 '유럽의 고성' 혹은 '노아의 방주'와 같은 닫힌 형태가 연상되기도 합니다(정인하, 2000, 212면). 이 점은 열린 교회를 지향하던 당시 경동교회의 방향과도 맞지 않지요.

다른 한편, 지면에서부터 솟아오른 이 형태는 하늘로 열린 옥상 공간을 에워싸며 아늑한 옥상 채플을 만들어냅니다. 하지만 아쉽게도 이곳이 덮여 본래의 성격을 잃게 되면서 그나마 있던 열린 공간도 사라지게 되고 맙니다.

옥상 채플로 오르는 계단과 내부 공간

열린 공간인 옥상 채플은 교회 측에서 매우 호의적인 반응을 보일 만큼 매력적인 공간이었는데요. 강원용은 "인간과 하나님, 인간과 인간, 그리고 인간과 자연의 관계와 아울러 전 피조물과 함께 드리는 예배와 축제를 뜻한다"라고 여기며 흔쾌히 받아들였습니다(정인하, 2000, 212면). 겨울을 제외한 봄밤, 여름밤, 가을밤에 이곳에서 바람과 하늘 그리고 별과 함께 예배를 드리는 모습은 분명 신이 인간에게 주는 은총 중 하나로 여길 만합니다. 만인에게 동등하게 주어지는 자연은 신이 우리에게 주는 자비와 사랑이고, 신이 그러한 것처럼 신앙인도 자연히 그것을 실천해야겠지요.

그러나 내부와 외부의 단절로 인해 이 건물은 도시나 사회로 열린 교회라기보다는 폐쇄적인 교회, 닫힌 교회에 더 가까운 인상을 줍니다. 교인과 사마리아인, 다시 말해 신자만이 아닌 모두를 위한 교회라는 경동교회의 이상과는 달라져버린 것입니다.

도로에 인접한 교회의 전면부는 두 개의 엄지손가락으로 보이는 덩어리가 높이 솟아 있어 건물의 방향성을 주면서 강한 첫인상을 남깁니다. 전면부는 성도들을 맞이하는 공간과 연결되어 있습니다. 이곳에서 성도들은 계단을 통해 건물 후면의 예배당 출입구로 올라가게 됩니다. 서너 해 앞서 지어진 양덕성당이 도로면에서 바로 성당 내부로 진입할 수 있게 연결된 것과는 반대입니다. 이 공간에 대해서 김수근은 다음과 같이 말하고 있습니다.

공간 전개의 기법은 은밀하면서도 암시적이어야 할 것이다. 계획 의도가 쉽게 드러나는 연출 기법은 호기심을 유발시키지 못하기 때문에 경이로움이 없고 지루할 뿐이다. 불연속적인 공간에 대한 체험은 단편적인 사건들로 집적된 독립된 기억일 뿐이나 연속성이 의도된 공간에서의 느낌은 줄거리를 가진 드라마가 될 수 있다. 완만하고 느슨하게 돌아 오르는 램프와 그 모퉁이에 세워진 비주얼 타깃으로서의 십자가, 낮게 뚫린 문을 지나 좁고 기다랗게 패인 슬리트의 개구부를 통해 제단으로 이어지는 공간의 흐름, 그곳에서부터 밑으로, 옆으로, 때로는 밖으로 전개되는 수직적이며 수평적인 공간의 변화. 어느 한 통로도 뜻하지 않게 돌아가는 일은 발생하지 않을 것이다. (정인하, 2000, 215면)

교회의 오른편에 있는 계단(왼편으로는 다소 경사가 큰 계단)은 성스러운 내부 공간을 품고 있는 예배당으로 들어가기 전에 세속적인 것을 털어내고 마음을 경건하게 하는 전이적인 공간, 즉 속俗이 성聖으로 이행되는 공간입니다. 이 진입 공간은 세속성과 거룩함이 교차하는 특성을 구체적으로 표현한 형태입니다.

계단을 오르는 행위 자체가 신에게로 향하는 하나의 종교적 의식이고, 예배의 준비 단계로서 중요한 의미를 담고 있습니다. 성스러운 공간에 도달하기 위한 준비 과정의 필요성을 보여주는 종교적인 공간이라고 생각할 수 있는 것이지요.

이것은 떠들썩한 도시로부터 성스러운 신의 세계에 이르는, 즉 세속에서 구원에 이르는 길을 은유하는 건축이고 신앙인의 마음을 형태화하는 건축이라고 할 수 있습니다. 어떤 신자에게는 이곳이 예수가 십자가를 지고 걸었던 골고다 언덕을 떠올리며 눈물 흘리는 고백의 층계이자 회개의 공간이 될 수도 있습니다.

이러한 공간은 다른 종교건축에서도 찾아볼 수 있는데요. 이를테면 불교의 사찰건축에서 나타나는 일주문과 금강문 그리고 천왕문을 통

예배당으로 이어지는 계단

과하여 더 깊은 내부에 자리한 대웅전에 이르는 일련의 진입 과정은 부처와의 만남을 위한 마음의 준비 과정을 보여주는 공간, 즉 전이적인 공간으로 구성됩니다.

벽돌 층계와 파벽돌로 마감된 교회 건물 외벽을 돌아 예배당으로 들어가면, 앞쪽의 커다랗고 힘찬 노출콘크리트 측벽과 기둥 그리고 보를 지나 제단 위로 떨어지는 천창의 빛을 마주하게 됩니다. 충분하지 않은 빛의 양과 노출된 콘크리트 구조가 이 공간을 마치 카타콤(지하묘지)과 같은 분위기로 만듭니다. 이것은 기둥으로 나뉘지 않는 통짜의 공간을 만들기 위해 단단한 콘크리트 벽과 보를 사용하여 천창을 제외한 모든 벽과 천장을 둘러친 결과인데요. 그 속에 빛은 십자가를 강조하듯 떨어지면서 성스러운 공간의 분위기를 자아냅니다.

천창을 통해 들어오는 빛은 극적이고 성스러운 분위기를 연출하는 긍정적인 효과가 있지만, 교회당 외부에 나타난 기도하는 손의 형태를 보면서 내부로 들어갔을 때 기대할 수 있는 따뜻함을 만들어내지 못하는 부정적인 측면 또한 있습니다. 다시 말해서, 천창으로부터 떨어지는 빛의 효과는 다가가기 힘든 신의 공간만을 일면적으로 강조하고 신도들이 기대하는 내부의 공간감, 즉 신이 인간을 품어주는 포근하고 따뜻한 공간감을 자아내지 못하고 있습니다. 외부의 형태를 통해서 기대했던 내부 공간의 따뜻함과 빛에 의해 강조된 성스러움 사이에서 오는 당혹감을 감추기 힘듭니다.

기능적인 측면에서도 부정적인 면이 없지 않습니다. 예배당 출입구 쪽 스테인드글라스를 제외하면 창문이 없어서 낮에도 조명을 사용해야 하는 점과, 자연 환기가 어려워 기계장치로 강제 환기를 해야 하는 점은 공간감 못지않게 의아한 대목입니다.

빛은 건축에서 가장 중요한 역할을 하는 요소 중 하나입니다. 더욱이 종교건축에서 빛은 신성을 상징하며 성스러운 공간을 만드는 요소로 가장 중요하게 다루어집니다. 창이 외부 세계와의 연결, 즉 통풍과 채광 그리고 조망의 기능을 가진다면 여기서 건축가는 천창을 제외하고는 창을 만들지 않음으로써 외부세계와 단절된 분위기의 공간을 만듭니다.

김수근의 건축을 보면, 외부 조망이 좋지 않은 면에는 창문을 내지 않거나 작게 만들어 빛을 통제하였기 때문에 대체로 어둡습니다. 채광이나 환기라는 기능적인 측면보다는 시각적인 효과에 초점을 맞춘 것이지요. 이것은 건물의 조형성을 지나치게 강조한 나머지 내부 공간과 외부 공간 사이의 조율이 되지 않은 것으로 볼 수 있습니다. 따라서 공간 사용자는 공간에 대해 일반적이지 않은 심리를 갖게 됩니다. 남영동 대공분실이 그렇고 공간사옥 역시 동일하며 여기서도 마찬가

예배당 내부 제단과 예배당 출입구

지입니다.[13]

천창을 통해 들어오는 절제된 빛을 속세와 다른 종교적 공간감을 만들려는 시도로 이해해보려 해도 부정적인 느낌을 지울 수는 없습니다. 거대한 공간의 경건함을 유지하면서도 양 측면 스테인드글라스로 들어오는 빛을 통해 외부 세계와의 연결감을 동시에 주는 중세 유럽의 성당과 비교해보면, 후자의 공간감을 표현하는 데는 미흡한 것이 사실입니다. 열린 교회를 지향하는 경동교회의 정신과는 달리 폐쇄성이 강한 카타콤의 이미지가 연상되는 것은 그 때문이지요.

예배당 천장 구조와 중층

요컨대, 교회가 본연적으로 가져야 하는 성스러움은 이 천창을 통해 강조되지만, 너무나 절제된 빛은 초자연적 신비스러움을 강조하는 듯하여 우리가 신 안에 있다는 구원의 빛을 느끼기 힘든 공간으로 만듭니다. 여기서 사용된 빛은 우리와 분리된 채 저 멀리 떨어진, 범접할 수 없고 도달할 수 없는 신의 세계만을 강조하는 효과를 낳습니다. 포근히 우리를 품어주는 어머니(혹은 아버지)의 품 같은 공간은 여기에선 찾아볼 수 없습니다. 결국 성스러운 빛의 표현에는 성공한 것일 수 있으나 신의 사랑이 충분히 구현되지는 못했고, 사랑으로 인간을 품어주는 구원의 공간이 부재하다는 점에서 아쉬움이 남습니다.

대조적인, 너무나 대조적인

빛이 자아내는 치유의 공간이란 어떤 것일까요? 건축이 그런 것을 만들어내는 게 정말로 가능하긴 한 걸까요? 이와 관련하여 하나의 경험담을 전해드릴까 합니다. 밀라노의 치미아노(Cimiano)에 있는 산 제롤라모 에밀리아니(San Gerolamo Emiliani) 교회 안의 작은 채플을 방문했을 때의 일입니다. 이 공간은 까를로 데 까를리(Carlo de Carli)의 1965년 작품입니다.

예술이 누군가의 내면을 움직이게 하는 것이라면, 빛이 만들어내는 이곳의 내부는 여태 한 번도 보지 못한 아름다움이었고 제 안에 있는 뭔가를 꿈틀대게 만든 너무나 근사한 공간이었습니다. 누가 뭐라 해도 건축의 본질은 역시 내부에 있음을 새삼 다시 인지하는 계기가 되기도 했습니다.

유학 시절 옆 연구실에 계셨던 오똘리니(논문 지도교수)에 이끌려 밀

산 제롤라모 에밀리아니 교회의 작은 채플

라노 외곽에 있는 교회 건물에 갔던 때는 2012~13년 겨울 무렵이었습니다. 이토록 신의 사랑이 가득한 공간, 방문객을 이토록 포근히 품어주는 공간이 거기에 있으리라고는 전혀 짐작하지 못했습니다. 교회의 유리블록으로 들어오는 빛의 경사가 급하지 않았던 것으로 보아 대략 10시에서 11시 사이였던 것 같습니다. 그곳에서 저는 대상화된 공간의 예술, 그리고 질식할 것만 같은 공간의 예술, 두 가지를 확인할 수 있었습니다.

하얀빛을 가득 머금은 이쪽 공간과 다르게 적요함의 체적, 이 공간 안으로 붉은 유리블록을 통해 들어와 제단으로 떨어지는 빛! 렘브란트의 그림처럼 대상에 떨어져 주변을 집중시키는 빛! 그래서 더욱 경건하고 성스러움을 자아내는 공간입니다. 천장에 매달린 조명이 붉은 빛을 거스르지 않고 벽면의 액자를 비추고, 검소한 나무테이블 위에 놓인 붉은 보와 초가 떨어지는 빛과 어울려 더욱 성스럽게 드러나고, 간결히 마감된 벽면과 액자 그리고 나머지 모든 것들이 서로 응답하도록 디자인된 이 공간은 부산스러운 도시의 삶 속에서 가히 치유의 공간이라 할 만한 걸작이었지요.

또 하나는 파란 유리블록을 통해 들어온 빛이 한쪽의 작은 채플 전체를 푸르게 바꿔버린 공간입니다. 손등의 솜털까지 곤두설 정도로 소름과 전율을 느끼게 하는, 난생처음 경험해보는 공간이었습니다. 감동 그 자체였지요. 공간의 예술은 바로 이런 것이라고 힘주어 말하고 싶습니다. 푸른빛이 온몸을 감싸는 신의 공간이 인간에게 구원의 공간이 되고 포근히 품어 어루만져주는 사랑의 공간이 되었다고 하면 너무 심한 개인적 판단일까요?

현대 교회건축에서 최고로 꼽히는 르코르뷔지에의 롱샹교회 공간조차 여기에 비하면 낮은 수준으로 전락하게 됩니다. 저는 이 공간이 우리에게 잘 알려진 그곳보다 몇 갑절 훌륭하다고 생각합니다. 요즘 말로 표현하자면 르코르뷔지에의 '의문의 1패'가 되겠군요.

신의 에너지로 가득 찬 듯한 이 작은 공간에 들어가 가만히 앉아 있기만 했는데도 마음과 몸이 한없이 평온해졌던 것은, 마치 성경의 한 구절처럼, 내가 그 안에 있고 그가 내 안에 있음을 체험했기 때문일 겁니다. 절제된 재료와 내핍의 공간이 만들어내는 최상의 공간, 신비스러우면서 포근한 신의 품 같은 공간이라고 하면 적당한 비유가 될지 모르겠습니다.

다시 경동교회 예배당 이야기로 돌아갑니다. 외부에서 드러나는 조형성과 내부에서 경험하는 공간성의 평가가 다소 상반되는 것은 빛과 공간 그리고 노출된 철근콘크리트 구조와의 관계가 종합적으로 고려되지 않은 데에서 이유를 찾을 수 있습니다. 예배당의 내부 구조인 거대한 노출콘크리트 보가 자아내는 공간과 그 속으로 들어오는 빛이 서로 어울리지 못하는 탓에, 내부 구조가 만들어내는 공간감이 감소하게 되는 것이지요. 그러다 보니 이곳에선 인공조명이 그 빛을 대신하고 있습니다.[14]

협소한 예배당 출입부, 덮인 옥상 채플, 천창을 통해 들어오는 빛의 신비스러움만을 강조하느라 놓쳐버린 구원의 공간감, 채광과 환기의 어려움, 외부에서 예상했던 것과 다른 폐쇄적인 공간감……. 역사의 현장 속에서 보편성과 특수성이 함께 공존하는 예배당이 되기를 원했던 건축주의 바람과 공동체 의식이 투영되기를 원했던 건축가의 생각이 제대로 구현되지 못한 경동교회의 모습입니다.

예배당 측면의 갤러리 공간들

그러나 내부 공간에서 느낀 허전함과 공허감은 밖으로 나와 생기 넘치는 공간과 산책로 같은 사색의 공간을 마주하면서 빠르게 잊힙니다. 예배당을 나와 왼편으로 돌면 건축가가 세밀하게 설계한 건물의 외벽과 바닥 그리고 난간을 만나게 되는데요. 마지막 부분까지 섬세하게 설계한 건축가의 면밀함을 엿볼 수 있습니다. 어느 것 하나 놓치지 않고 치밀하게 계획한 예배당 측면의 갤러리 공간은 방문자의 사색을 이끌어내며 제 역할을 다하고 있습니다.

감탄과 함께 경동교회를 빠져나오다 문득 떠올립니다. 저 성스러운 공간과는 너무나 대조적인 비인간적이고 반인권적인 공간, 남영동 대공분실의 5층. 두 개의 공간이 하나로 겹쳐지면서, 이해하기 힘든 건축가의 행적에 마음이 어지러워집니다.

경동교회와 남영동 대공분실에 나타난 선과 악의 대조적인 공간감이 우리 세계에 만연한 보편적인 악 그리고 귀하게 여겨지는 선과 이어져 있다고 생각하기에는 다소 억지스러움이 있지만, 남영동 대공분실은 역설적이게도 올바르고 착하고 도덕적인 사유와 감상으로 공간의 형태를 만들어야 함을 강조하고 있는 듯합니다.

▼

위치 서울특별시 중구 장충동 1가 26-6 (서울특별시 중구 장충단로 204)
(02)2274-0161
교통 지하철 : 2, 4, 5호선 동대문역사문화공원역 4번 출구
버스 : 144, 301, 420, 407(간선) 7212(지선)
방문 예배가 없는 날 전화 예약 및 공문 접수 후 가능

남영동 대공분실과 경동교회에 대하여

|건축가의 윤리|

― 검은 벽돌이 주는 위압감은 이 건물의 용도를 암시하고 있는 것 같습니다.

·**김명식**· 하지만 검은 벽돌의 사용은 일본에서 유학했던 김수근이 부여박물관의 왜색 시비 이후에 한국적인 재료를 찾은 결과인데요. 같은 시대 대학로의 아르코극장처럼 예술, 문화와 관련된 건물은 빨간 벽돌을 사용한 반면, 남영동 대공분실과 공간사옥 등 몇몇 건물은 검은 벽돌을 사용했습니다. 그러니까 여기서 사용된 검은 벽돌은 건물의 용도와는 별개라고 생각합니다.

건축은 그 어느 예술 형태보다 우리의 감정과 심리에 강력하게 영향을 미칩니다. 우리를 에워싸는 공간을 부여하기 때문이지요. 건축가는 우리의 몸이 거하는 공간을 만듭니다. 단순히 몸의 거소를 만드는 것을 넘어 그곳에 거하는 영혼의 공간을 만듭니다. 언어가 인간의 사유와 감상을 담는 집이라면 공간은 건축가의 사유와 감상이 담기는 집입니다. 결국, 공간은 건축가에게 달린 셈입니다.

우리는 몸에 잔인한 고통을 가하여 영혼을 파괴하는 공간, 그리고 마음의 평온과 영혼의 구원을 느낄 수 있는 성스러운 공간을 한 건축가의 두 작품을 통해 경험했습니다. 상반된 두 공간은 건축가의 상반된 사유와 감상에 의해 나온 집이고, 그의 정신과 마음속에서 나온 언어의 형태입니다. "어떻게 선악으로 이분된 공간이 한 건축가에게서 나올 수 있었을까?"라는 물음에 대해 먼저 답을 찾고, 이를 바탕으로 여러 가지 이야기를 나눌 수 있을 것 같습니다.

— 당시 일반적으로 사용되지 않았던 욕조는 물론 세면대, 침대, 조명, 페인트 마감까지 설계도면에 지정되어 있는 것으로 보아 건축가가 고문에 대한 내용을 알고 있지 않았을까요? 그것을 일종의 애국 행위라고 생각하고 남영동 대공분실을 만들지 않았을까요? 그렇다고 하더라도 결과적으로 인권을 파괴하는 공간을 만드는 데 일조한 것이기에, 건축가의 의식과 윤리를 따져봐야 하는 것은 아닌가요?

·김명식· 자세히 보면 남영동 대공분실은 굉장히 공을 많이 들인 건물 같습니다. 그럼에도 불구하고 김수근의 작품 목록 및 그와 관련된 건축서적에서 남영동 대공분실과 관련한 어떠한 언급도 아직 찾지 못했습니다. 고문하는 데 사용된 이 건물을 건축가 본인이 의도적으로 제외한 것 같습니다. 군부독재 정권에 부역한 자신의 치부에 대한 자각 내지는, 고문이 자행되는 건물을 지은 것에 대해 거론하거나 기억하고 싶지 않았던 게 아니었을까 추측해봅니다.

— 반공을 국시로 삼는 사회적인 흐름 속에서 건축가는 이것이 당연히 애국이라고 생각하지 않았을까요?

— 그건 아니라고 생각해요. 그 당시 민주화운동을 하고 군사독재 정권에 저항한 많은 사람은 그러면 매국인가요?

— 김수근은 유명 건축가였다는 점에서 오히려 권력으로부터 조금은 자유롭지 않았을까요?

·**김명식**· 이 건물의 용도를 모르지 않았고, 고문이 일어난 곳을 세밀히 계획한 것으로 미루어 군부독재 권력에 부응한 설계라고 생각할 수 있습니다. 실제로 김수근은 정부로부터 많은 일을 수주했고, 한국기술개발공사 대표이사를 맡기까지 했습니다. 권력과의 관계가 매우 두터웠던 것이지요.

|김수근에 대한 비평적 시각|

— 남영동 대공분실은 김수근에게 오점이지 않을까요? 혹시 아직 밝혀지지 않은 다른 것도 있을지 모르겠습니다.

— 다른 건축가나 비평가들 혹은 건축 연구자들의 시선은 어떤지 궁금합니다. 이런 사실은 건축가의 위상을 떨어뜨리는 것이 될 텐데 어떤가요? 김수근과 남영동 대공분실에 관련된 내용 혹은 비평들이 존재하는지 궁금하군요.

·**김명식**· 김수근과 관련된 자료는 그의 명성만큼이나 많이 있습니다. 책에서부터 논문에 이르기까지 말이지요. 그중에서도 종교건축으로서 경동교

회는 마산의 양덕성당과 함께 가장 많이 등장하는 건축물 중 하나입니다. 하지만 남영동 대공분실은 그 공간이 개방되기 전까지 세간에 거의 알려지지도 않았을 뿐더러 김수근과 관련한 어떠한 자료에서도 언급되지 않아 찾기가 힘듭니다. 2005년 7월 26일 대공분실 개방 이후, 그리고 2012년 설계 도면이 처음으로 공개된 이후에도 이것을 다룬 논문이나 책은 손에 꼽을 정도입니다.

— 남영동 대공분실은 한국의 인권과 관련하여 역사적 의의가 큰 건물입니다. 건물이 잘 보존되어 많은 사람들이 이 현장을 직접 보고 느껴야 할 것 같습니다. 권력이 인권을 짓밟는 상황이 더는 반복되지 않도록 우리가 잘 감시해야 합니다.

| 경동교회와 모방 |

— 경동교회는 가우디 성당의 축소판 같습니다. 안도 다다오는 최저 비용으로 건축물을 짓기 위해서 노출콘크리트를 사용했습니다. 우리나라 노출콘크리트는 생태환경에 좋지 않습니다. 안도 다다오가 뜨는 시점에서 그를 모방하여 노출콘크리트를 내부에 시공했고, 외부와 계단은 가우디를 모방한 것 아닌가요? 보의 형태도 그렇고, 들어가서 보니 좀 실망스럽더군요. 그렇게 잘 만든 것 같지 않습니다.

— 저도 안도 다다오의 노출콘크리트가 연상됩니다. 과연 그 건축물이 독창적이라고 할 근거가 있을까요?

·**김명식**· 김수근의 여러 작품에는 유사한 형태가 보입니다. 남영동 대공분실 전후의 건물과 동질의 요소들이 있고, 경동교회도 양덕성당과 유사한 면이 있습니다. 일본과 중세 유럽의 교회를 참조한 것 같고요. 하지만 외부와 내부의 차이를 통해서 속된 것과 성스러운 것을 구분했습니다. 이런 관점에서 내·외부 재료의 차이를 이해하면 좋을 것 같고요. 당시 흔히 사용되던 붉은 벽돌로 외부를 마감했고 내부는 노출콘크리트를 사용했는데, 스승인 다케 겐조의 영향을 많이 받은 것으로 보입니다.

덧붙여 말씀드리고 싶은 것은, 안도 다다오가 노출콘크리트를 주재료로 많이 사용하는 이유는 비용 때문만은 아닙니다. 그리고 그는 내·외부의 구조를 함께 사용했지요. 노출콘크리트 구조는 외벽이 두꺼워지고 그로 인한 내단열과 외부 발수 마감 등에 따른 시공비가 높아지기 때문에, 일반적인 마감재를 사용하였을 때와 비교하면 적다고 할 수 없습니다.

누구든지 다작을 하면 실력이 늘지 않겠습니까? 그리고 일본에서 박사 과정을 했으니 실력이 뛰어났을 겁니다. 역삼에 있는 르네상스호텔처럼 좀 이상한 느낌이 드는 형태의 건축물도 더러 있지만, 조형성이 뛰어난 건축물도 많이 있습니다. 남영동 대공분실과 경동교회 모두 평균 이상의 실력이 발휘된 것으로 봅니다.

경동교회는 내부와 외부를 극명하게 대조시킵니다. 내면의 매끄러운 콘크리트 벽, 하늘에서 내려오는 유일한 광원, 잠깐 둘러가야 하는 현관 등의 요소들은 깨어 붙인 벽돌 벽의 외부와 전혀 다른 공간을 창조합니다. 이런 점을 고려하지 않고 유사 기법이나 이미지를 들어 그의 독창성을 무시해선 안 되겠지요.

― 답사 중 몇몇 분들이 제단 위에 올라가자 그것을 발견한 교인이 제단은 성스러운 곳이니 올라가지 말라고 했는데요. 이는 요즘 기독교의 폐쇄성, 자폐성을 나타내는 게 아닌가 하는 생각이 들었습니다. 창문도 없이 천창에서만 빛이 내려오는데, 그것 역시 주변의 이웃들을 바라보지 않고 단지 하나님만을 바라보는 폐쇄성이 아닌가 싶고요.

·**김명식**· 모든 공간은 기본적으로 연결되어 있습니다. 건축은 이를 분리하는, 다시 말하면 구분하고 구별하는 작업을 합니다. 하나의 공간을 개방감이 강한 열린 공간으로 만들 수도 있고, 닫힌 느낌의 폐쇄 공간으로 만들 수도 있는데요. 경동교회는 전반적으로 폐쇄되어 있으면서 예배당 십자가 위로 비치는 하늘만이 열려 있게 만들었습니다. 반면 남영동 대공분실은 전방위가 폐쇄되게 만들었지요. 팔만 겨우 들어갈 정도로 좁고 깊은 창문은 바람을 받아들이거나 빛을 수용하기에 부적합하게 설계된 것입니다.

― 폐쇄성의 공간이라기보다는 방해받고 싶지 않은 공간으로 예배당을 바라볼 수도 있지 않을까요?

― 그렇게 창이 없어도 허가가 났나요? 창은 안에 사는 사람들을 고려해서 만드는 것인데 외부에서 차단하면 안 되는 것 아닌가요? 경동교회 역시 윗부분을 빼면 좌우로부터는 빛과 바람, 조망 등이 차단된 것 아닙니까?

— 매우 답답해 보였습니다. 사람이 잘 느껴지지 않았습니다. 공간 안에서요. 정말 이 건축가는 뭐 하는 사람인지, 뭔가 포커페이스를 잘 유지한 사람 같다는 생각을 했습니다.

— 5층의 폭 좁은 창이 있는 남영동 대공분실과 측벽에 창이 없는 경동교회는 폐쇄성이라는 공통점을 갖는 것 같습니다. 예배당에 있는 동안 제 아들이 "왜 이렇게 으슥한가요?"라고 묻더군요. 저도 사실 80년대에 경동교회를 다녔는데, 얼마나 건축가의 뜻이 들어갔는지 모르겠습니다만 하나님과의 상하 소통에만 초점이 맞춰져 있는 것 같습니다. 경동교회가 나름 진보 교회의 대표성이 있는 교회인데, 옆과의 소통을 찾아볼 수 없는 것 같습니다. 위아래와 동시에 옆으로도 함께 소통되어야 하는데 하나님만 올려다보고 옆은 보지 않는 것 같아요. 이웃 사랑이 결여된 종교의 폐쇄성이 짙게 느껴집니다.

— 여기서 성스러운 공간에 대한 두 관점을 이야기하고 싶은데요. 남영동 대공분실과 경동교회는 악마의 공간과 신의 공간이라는 표면적 차이에도 불구하고, 폐쇄성의 측면에서는 공통점이 있습니다. 두 건물 다 전면, 즉 현관과 제단 쪽은 밝습니다. 그런데 그 뒤는 어둡고 좁고 작습니다. 내·외부를 분리하여 구분 짓기를 한 것 같습니다.
이는 요즈음 개신교 내에서 문제시되는 배타성과도 관련이 있어 보입니다. 한국의 주류 개신교인들은 '성스러운 것/선한 것'과 '세속적인 것/악한 것'이 분리되어야 한다고 믿으며 오직 전자만이, 그리고 그러한 것을 추구하는 자기들만이 가치 있는 존재라고 주장합니다. 그들은 고통받는 이웃과 연대하기보다는 자기들의 신만을 자폐적으로 숭배하는 것 같습니다. 그들의 영성은 구분 짓기의 영성이고 닫힌 영성 아닐까요? 그런 생각을 지울 수 없습니다.

— 고문 기술자 이근안이 목사가 되는 현실, 누군가의 말처럼 교회가 인간 쓰레기통 같다는 현실을 직시해야 하지 않겠어요? 물론 다 그런 건 아니겠지만.

| 김수근과 시대 상황 |

— 김수근은 보수적인가요, 진보적인가요?

·김명식· 시대 상황이 중요한 것 같습니다. 그 사람이 진보적인지 보수적인지는 알 수 없습니다만, 서슬 퍼런 군사독재 시대에 인권을 짓밟은 공간과 성스러운 공간을 동시에 만들었다는 것만은 분명합니다.

— 대공분실에서 안내하던 분에게 "과연 건축가는 무슨 생각으로 이 건물을 설계했을까요?"라고 물었더니 뜻밖에 쉽게 대답했습니다. "애국하는 마음으로 설계했겠죠!" 이 건물의 용도는 간첩을 잡는 것이었고, '자나 깨나 불조심' 못지않게 강조되었던 것이 '반공'이었고, 거리 곳곳에 간첩 신고를 독려하는 포스터나 글귀가 지천으로 널려 있을 때였기에, 당시에 간첩을 잡는 데 일조하는 것은 애국의 첫 번째 덕목이었을 수도 있겠다는 생각이 들었습니다.

— 이데올로기적인 이념의 공간과 신념의 거룩한 공간, 혹은 시대 상황이 낳은 공포의 공간과 사랑의 종교가 낳은 평안의 공간…….

— 남영동 대공분실을 지은 김수근이 경동교회를 지었다고 해서 이 건물을 싫어할 수는 없을 것 같아요. 개인적으로 여기서 매우 영적인 경험을 했으니까요.

— '어떤 교회를 지어야 할 것인가?' '현재와 역사 속에서 교회의 역할은 무엇이어야 하는가?'라는 물음 속에서 열린 교회를 지향했던 경동교회는 결과적으로 성스러움만이 강조되어 폐쇄성이 강한 공간이 된 것 같습니다. 내부를 들여다볼 수 없는 견고한 성城을 연상시키는데, 우리가 주목할 부분은 바로 이 지점인 것이지요.

▼

2장
건축: 타자의 비극과 고통의 공간

—

여전히 진행 중인 타자의 비극과 고통이 어떻게 공간으로
형태화되고 건축으로 재현되었는지 평화의 소녀상과 전쟁
과여성인권박물관을 통해 살펴봅니다. 형태로 재현된 비극
과 고통의 공간을 경험함으로써 타자의 비극과 고통이 나
의 것으로 전이되는 값진 경험을 할 수 있습니다.

—

평화의 소녀상 |서울시 종로구 주한 일본대사관 맞은편|

전쟁과여성인권박물관 |서울시 마포구 성산동|

평화의 소녀상

저 꽃들은 회음부로 앉아서
스치는 잿빛 새의 그림자에도
어두워진다

살아가는 징역의 슬픔으로
가득한 것들

나는 꽃나무 앞으로 조용히 걸어나간다
소금밭을 종종걸음치는 갈매기 발이
이렇게 따가울 것이다

아, 입이 없는 것들

_ 이성복, 「아, 입이 없는 것들」

일제강점기에 종군위안부로 끌려간 할머니들이 '일본군 위안부' 문제 해결을 촉구하는 수요집회를 1992년 1월 8일 처음으로 엽니다. 이 집회는 2011년 12월 14일 1,000회를 맞습니다. 이를 기념하기 위한 '평화의 소녀상'이 조각가 김운성, 김서경 부부에 의해 제작되어 주한 일본대사관 맞은편 인도에 세워집니다.

소녀상의 높이는 약 130cm. 짧은 단발머리를 하고 치마저고리를 입은, 열셋에서 열여섯 살 정도 되어 보이는 앳된 모습입니다. 살며시 무릎 위에 올린 움켜쥔 두 손, 의자 두 개 중 하나에 앉아 있는 소녀, 비어 있는 옆자리, 바닥에 드리워진 늙어버린 그림자는 제국주의가 자행한 잔인한 행위에 대한 반성과 사과를 요구하며 주한 일본대사관을 향해 소리 없는 아우성을 지르고 있습니다.

소녀상은 비교적 단순한 모습이지만 몇 가지 중요한 의미가 담겨 있습니다. 힘겹게 돌아와 의자에 앉은 소녀 옆에는 '부재'를 상징하는 빈 의자가 놓여 있지요. 두 개의 의자는 사선을 넘어 돌아온 이와 돌아오지 못했거나 죽은 이를 의미합니다. 단발머리는 원래 댕기머리였을 소녀의 머리카락이 강제로 잘렸음을 나타내고, 맨발은 당시 찍힌 사진에서 드러나듯 짚신 하나 신지 못했던 소녀의 모습을 표현하고 있습니다. 무릎 위에 올린 주먹은 최소한의 인간적 대우도 해주지 않았던 일본군의 만행에 대한 반성과 사죄를 촉구하는 결연함을 나타냅니다. 소녀상의 어깨 위에 앉아 있는 새는 죽음이 아니고서는 벗어날 길이 없었던 암울한 처지를 암시하며, 동시에 자유와 평화를 향한 갈망을 보여줍니다.[15]

주한 일본대사관 맞은편 평화의 소녀상

어딘지 모를 곳으로 끌려갔을 소녀는 수많은 죽음의 고비를 넘기고 돌아와 주한 일본대사관을 바라보며 가해국의 잔인했던 역사를 응시하고 있습니다. 소녀상 뒤쪽 바닥에 오석으로 깔린 그림자는 아직도 해결되지 않은 과거의 비극뿐만 아니라 여전히 진행 중인 할머니의 고통을 함의합니다. 쪽머리에 늙고 굽은 허리를 한 할머니의 그림자 가슴께에는 나비가 새겨져 있습니다. 환생을 의미하지요. 이번 생에서 받은 고통에서 벗어나 다음 생에는 평화로운 삶을 누리라는 기원이 담겨 있습니다.

피해자의 비극과 고통, 분노와 회한, 요구와 희망을 형태화하기란 쉬운 일이 아닙니다. 힘든 작업을 거쳐 탄생한 저 소녀상에는 제국주의의 패악이 만들어낸 일본군 성 노예의 진실, 말로는 차마 담기 힘든 소녀의 비극, 여전히 진행 중인 고통이 담겨 있습니다. 또한 아직도 반성과 사죄가 없는 가해국을 준엄히 꾸짖으며, 정리되지 않은 역사를 증언하고 있습니다.

고통의 기억이 만들어낸 건축적 공간

하나의 조각이 의외의 반향을 몰고 오자 일본의 후지무라 오사무 관방장관은 외교공관 앞에 '무허가 건축'이 세워진 것에 대해 유감을 표명하며 철거를 요구했고, 한국 정부는 "민간단체에서 설치한 데 대해 정부가 관여할 수 없다"는 견해를 밝혔다.

문제는 평화의 소녀상이 도로법상 담당 구청의 허가를 받아야 하는 건축물이라는 점이다. 한국정신대문제대책협의회(정대협)는 2011년 3월 평화비 건립 계획을 종로구에 전달했으나, 구청은 "정부기관이 아니면 도로 등에 시설물을 설치할 수 없다"며 불허 공문을 보냈다. 정대협이 이에 아랑곳하지 않고 평화비 제막식을 강행하자 종로구청은 뒤늦게 "허가 여부를 떠나 이미 세워진 건축물의 경우 공익에 해가 되지 않는다면 구에서 강제로 철거할 수 없다"고 태도를 바꿨다.

남은 과제는 조형물의 정신을 지키는 것이다. 이런 희생자 조각상은 가해자인 일본 정부의 사죄와 배상 차원에서 건립돼야 하지만, 우리는 그들의 선의를 마냥 기다릴 수 없어 민간의 성금으로 만들었다. 앞으로 일본의 반응에 따라 똑같은 조형물을 국내는 물론 세계 곳곳에 세워 역사의 아픔을 기억하는 장치로 삼을 수 있기를 기대한다.(손수호, 2013, 32~34면)

예술은 그것이 갖는 미적 형태를 넘어 사회적인 반응을 야기할 수 있어야 한다고 앞에서 언급한 바 있습니다. 높은 수준의 예술은 다수의 개인뿐만 아니라 공동체 전체와 함께 고른 호흡을 하면서 시대와 사회를 만납니다.

이 소녀상보다 더 강력한 상징과 의미 전달자는 없을 것입니다. 예술의 형태로 등장하는 비극과 고통의 구체적인 형상 앞에서, 돌아오지 못한 소녀의 빈자리에 누구든 앉아 함께하자는 소녀상의 소리 없는 외침을 우리는 듣고 있습니다.

그러나 동행은 힘겨운 투쟁과도 같습니다. 비정상이 종종 정상으로 여겨지는 한국에서는 이곳의 풍경 또한 그리 놀랄 만한 것이 아님을 직접 방문해보면 한눈에 알 수 있습니다. 피해자 소녀를 상징하는 소녀상을 보호하는 인력이나 시설은 찾아보기 힘듭니다. 가해국을 대표하는 주한 일본대사관을 보호하고 있는 피해국의 경찰과 경찰차벽은 여기가 대한민국의 심장부인 서울 한복판의 거리가 맞는지 의심스럽게 만듭니다. 오만한 권력의 상징인 주한 일본대사관과 그 앞에 초라하리만치 조그맣게 앉아 있는 소녀상은 마치 우리의 자화상처럼 느껴지기도 합니다.

도시는 사물에 의해서만 만들어지는 것이 아니라 우리 삶의 모습으로 만들어진다는 것을 다시금 깨닫습니다. 사람과 사물이 만들어내는 이 도시의 풍경은 어떤 모습일까요? 우리가 만든 비정상적인 도시의 풍경, 아니 풍경이 될 수 없는 이곳의 모습은 우리에게 어떻게 다가올까요?

조선시대 광화문 앞으로 21세기 자동차가 달리는 부조화만큼이나 이곳은 독특합니다. 시간이 멈춘 듯한 대사관 건물, 한국의 최신 건축기술과 경향을 대변하는 듯한 주변의 세련된 고층건물들, 그리고 이에 맞서 외롭게 그러나 강력하게 앉아 있는 평화의 소녀상은 서울 어디에도 없는 묘한 분위기를 자아내며 긴장감이 감도는 공간을 만들고 있습니다.

주한 일본대사관 앞
경찰차벽

오시프 자드킨의 '파괴된 도시'(로테르담, 1953)

소녀상을 보호하기 위해서가 아니라 대사관의 안전을 위해 배치된 수많은 경찰 병력과 대사관을 에워싼 경찰차는 긴장된 공간을 만드는 데 결정적인 역할을 합니다. 예전에 그랬던 것처럼 지금도 여전히 국가권력은 힘없는 국민의 편이 아니라는 것을 여실히 보여주는 모습이라고 생각하면 잘못된 것일까요?

"공간적인 반응을 야기하는 모든 형태화 작업은 건축이 될 수 있다"던 스승의 말씀이 귀에 생생하게 들리는 듯합니다. 그런 사실을 이곳보다 더 명확하게 보여주는 곳도 찾기 어려울 것입니다. 평화의 소녀상은 타자의 비극이 기록이 되고 역사가 되어 만들어진 가장 명료하고 시각적인 조형물입니다. 그것이 자아내는 촉각적이고 심리적인 공간은 역사에 편입된 고통의 기억이 조형력으로 작용하여 만들어낸 '건축적인 공간'입니다.[16]

이 대목에서 잠시 자드킨(Ossip Zadkine, 1890~1967) 이야기를 하지 않을 수 없습니다. 그가 1953년에 만든 '파괴된 도시(De Verwoeste Stad – The Destroyed City)'라는 조각품이 있습니다. 도시는 수없이 많은 내력을 담고 있는 기억의 공간인데, 그의 조각은 그 도시의 한 내력과 기억을 고스란히 끌어안고 있습니다. 이것은 네덜란드 로테르담 시내에 있습니다.

네덜란드는 제가 석사 과정을 밟으러 유학을 떠났던 곳입니다. 이런저런 어려움 끝에 겨우겨우 졸업했던 힘든 기억이 있지요. 첫 학기에 로테르담 공항을 설계했는데, 제일 먼저 했던 일은 로테르담에 대한 공부였습니다. 도시의 역사를 공부하면서 알게 된 것들과 시내를 걸으면서 느꼈던 것들을 종합하여 바흐의 '마태 수난곡'과 연결된 설계를 진행하였습니다.

바흐의 곡을 설계에 응용하게 된 계기는 폭격에 의해 파괴된 도시의 내력 때문이었습니다. 유럽의 많은 도시들이 제2차 세계대전 당시 독일의 폭격을 맞아 폐허가 되었는데요. 로테르담 역시 시청과 몇몇 교회를 제외하고는 대부분 폐허가 되었습니다. 도시를 걸으면서 눈에 들어오는 모습과 당시의 암울했을 분위기와 현재의 감정이 뒤섞여 만들어내는 그 무엇이 제게는 마치 무언의 음악처럼 느껴졌습니다.

자드킨은 1946년에 기차를 타고 로테르담에 왔는데, 폭격으로 파괴된 도시의 모습을 보는 순간 '파괴된 도시'에 대한 생각이 시작되었다고 합니다. 몇 년 뒤 완성된 그 조각품은 히틀러의 폭정과 비인간적 흉포함에 대한 끔찍한 비명이자 울부짖음이라고 할 수 있습니다. 옆모습을 찍은 사진에서는 보이지 않지만, 정면에서 바라보면 조각상의 가슴은 뻥 뚫려 있습니다. 이것은 1940년 5월 14일 독일의 공습에 의해 파괴된 도시와 인간의 심장을 상징합니다.

자드킨의 '파괴된 도시'는 공동의 기억과 공명하면서 도시의 기억을 실체화하고 있습니다. 이를 통해 로테르담 시에 더욱 독특한 성격을 부여하고 있지요. 도시에 특별함을 부여하는 것은 바로 이러한 기억의 형태라고 할 수 있습니다.

늙은 소녀들과의 동행

평화의 소녀상은 여전히 진행 중인 '일본군 위안부' 할머니들의 고통을 대변하고 있습니다. 이렇게 작은 조형물이 한 국가를 상징하는 일본대사관 앞에 무력하게 앉아 있는 모습은 흡사 수도 서울 한복판을 내어준 현재 우리의 모습인 듯합니다. 서울 시내에서 일왕의 생일파티를 하고 한국의 국회의원과 군 고위 간부가 그 파티에 참석하는 모습은 이곳의 풍경만큼이나 이상하고 기괴하지요.

한쪽 바닥에 새겨진 평화비엔 이렇게 적혀 있습니다.

1992년 1월 8일부터 이곳 일본대사관 앞에서 열린 일본군 '위안부' 문제 해결을 위한 수요시위가 2011년 12월 14일 천 번째를 맞이함에, 그 숭고한 정신과 역사를 잇고자 이 평화비를 세우다.

"그 숭고한 정신과 역사"는 평화비에만 박제되어 있고 정작 우리에게는 없는 게 아닌지 의문스럽습니다. 인간의 존엄이 상실된 시대와 공간을 살다 간, 살아냈던, 그리고 살아가고 있는 분들이 가해 당사국의 반성과 사죄를 요구하고 나선 것은 똑같은 비극이 재차 발생하지 않

평화비

기를 바라는 절절한 소망에서 비롯되었습니다. 그러나 여전히 이곳은 타자의 비극과 고통의 공간으로 남겨져 있는 듯합니다. 이 숭고한 정신과 노력과 투쟁을 우리는, 사회는, 국가는 과연 얼마나 받아들이고 있는지 묻지 않을 수 없습니다.

홀로 앉은 앳된 소녀상 뒤로 그림자가 드리워져 있습니다. 쪽진 머리에 등이 굽은 할머니의 모습입니다. 우리는 바로 여기에 주목해야 합니다. 소녀와 할머니 사이, 고통 속으로 사라진 그분들의 삶을 되찾는 데 우리가 조금이나마 보탬이 되어야 마땅하겠지요. 그분들이 겪었고 지금도 겪고 있는 고통과 함께하며 그 삶으로 시선을 향해야 하겠습니다. 돌아오지 못한 빈자리의 소녀들을 기억하고, 사죄를 요구하며 힘겹게 싸우고 있는 "연로한 소녀"들과 동행해야 하겠습니다. 다음의 구절을 다시 한 번 새깁니다.

할머니가 된 그림자

너희는 내가 굶주렸을 때에 먹을 것을 주었고 목말랐을 때에 마실 것을 주었으며 나그네 되었을 때에 따뜻하게 맞이하였다. 또 헐벗었을 때에 입을 것을 주었으며 병들었을 때에 돌보아주었고 감옥에 갇혔을 때에 찾아주었다. …분명히 말한다. 너희가 여기 있는 형제 중에 가장 보잘것없는 사람 하나에게 해준 것이 바로 나에게 해준 것이다. (마태복음 25:35~40)

정리하지 못하고 해결 짓지 못한 우리의 역사 속에서, 일본군 성 노예였던 소녀는 여전히 살아 있는 비극이고 고통입니다. 극악무도한 만행을 저지르고도 반성과 사죄 없는 일본을 응시하고 있는 평화의 소녀상은 역사의 조형력이 만들어낸 가장 명료한 상징물입니다. 인간의 존엄과 인권이 상실된 시대와 공간을 가로지른 소녀, 그리고 이제는 늙어버린 할머니. 둘 사이에 발생한 비극적이고 불가역적인 삶은 역사에 편입되어 다시 역사의 구체적인 형상으로 만들어졌습니다. 평화의 소녀상은 지금의 우리에게 가장 절실한 교훈과 가장 강력한 메시지를 던져주고 있습니다.

▼

위치 서울특별시 종로구 중학동 주한 일본대사관 맞은편
　　　(서울특별시 종로구 율곡로 6번지 맞은 편)
교통 지하철 : 5호선 광화문역 2번 출구, 3호선 6번 출구
　　　버스 : 109, 171, 272, 601, 606(간선) 1020, 1711, 7016(지선)

서울에서 제주까지,
한반도를 뒤덮은 평화의 소녀상

평화의 소녀상은 2011년 서울 종로구 주한일본대사관 앞에 처음 세워졌으며, 일본군 성 노예 피해자를 기리고 세계인이 인권유린의 역사를 잊지 않도록 하기 위한 취지로 미국 캘리포니아 주 글렌데일 시립 중앙도서관 앞 공원(2013년 7월 27일), 미시간 주 사우스필드 미시간 한인문화회관(2014년 8월 16일), 뉴욕 맨해튼 세인트 클레멘츠 극장(2015년 7월 30일), 캐나다 토론토 한인회관(2015년 11월 18일), 오스트레일리아 시드니 한인회관(2015년 8월 6일), 중국 상하이사범대학 원위안루 앞 교정(2016년 10월 22일)에 잇달아 설치되었습니다.

'일본군 위안부' 추모비는 미국 뉴저지 주 팰리세이즈파크 공립도서관 옆(2010년 10월 23일), 뉴욕 주 롱아일랜드 낫소카운티 아이젠하워공원 베테란스 메모리얼(2012년 6월 20일), 로스앤젤레스 오렌지카운티 가든그로브 AR갤러리 쇼핑몰 앞(2012년 12월 1일), 뉴저지 주 버겐카운티 해켄색 법원 앞 메모리얼 아일랜드(2013년 3월 8일)에 세워졌습니다.

1

2017년 2월 현재 한국에는 49개 도시에 57개의 소녀상이 있는데요. 가장 최근에 세워진 곳은 부산 동구 주부산일본국총영사관 앞과 충남 서천군 '봄의 마을' 광장입니다(2017년 1월 17일). 같은 주제로 조각과 탑 그리고 세 개의 비가 5개 도시에 건립되어 있습니다.

2   3

4

5

6

7

8

9

10

11

12

13

14

15

16

17

18

19

20

21

22

23

24

25

26

27

28

29

30

31

32

33

34

전쟁과여성인권박물관

"내가 살아남은 게 꿈 같아. 꿈이라도 너무 험한 악몽이라!"
_ '일본군 위안부' 할머니

'일본군 위안부' 생존자들의 생활은 해방 후에도 별로 나아지지 않습니다. '위안소'에서 당한 끔찍한 성폭력과 구타와 고문 때문에 해방 후에도 커다란 신체적 고통 속에서 살아갑니다. 일본군이 입힌 상처는 흉터로 남고, 몸은 아이를 낳을 수 없을 정도로 망가지고, 이로 인해 가정을 이루며 살아가기가 힘들어집니다. 치유하기 힘든 신체적 고통보다 더 심한 것은 정신적 후유증입니다. 주위의 차가운 시선이 그분들로 하여금 평생 불안과 죄책감 속에서 침묵하며 살도록 강요하기 때문입니다.

걷어내기 힘들었던 무거운 침묵은 다행히 외부의 목소리와 함께 깨지는데요. 1988년 윤정옥 교수가 '여성과 관광문화 세미나'를 통해서 최초로 '일본군 위안부' 문제를 세상에 드러냅니다. 1990년에는 많은 여성단체들이 '한국정신대문제대책협의회(정대협)'를 결성하고 일본 정부를 향해 목소리를 내기 시작합니다.

하지만 일본은 부인합니다. 이에 고 김학순 할머니(당시 67세)가 1991년 8월 14일 한국에서 '일본군 위안부' 피해자로는 최초로 기자회견을 열어 공개적으로 피해를 증언합니다. 이는 그동안 이웃과 가족으로부터 단절되어 침묵 속에서만 살아오던 피해자들이 세상으로 나올 수 있게 만든 중요한 전환점이 됩니다.

이때부터 '일본군 위안부' 피해자들은 많은 시민단체, 여성단체와 함께 적극적인 활동을 시작합니다. 그리고 1992년 1월 8일 수요일, 서울 종로구 중학동 주한 일본대사관 앞에서 일본 정부의 범죄행위를 고발하고 '일본군 위안부' 문제 해결을 촉구하기 위한 첫 '수요시위'를 엽니다. 일본이 벌인 전쟁에 끌려가 성 노예가 될 수밖에 없었던 할머니들이 모여서 가해국 일본 정부에 공식적인 사과와 반성을 요구한 것이지요. 한국 정부는 같은 해 2월 뒤늦게 피해자 신고센터를 설치하고 '일본군 위안부' 피해 신고와 증언을 받습니다.[17]

수요시위는 10년이 되던 해인 2002년에 '동일한 문제로 세계에서 가장 오래 열린 집회'로 기네스북에 오르게 됩니다. 되돌아오지 않는 반응에도 불구하고 첫 마음이 사그라지지 않게 하려는 노력은 눈물겨운 투쟁과도 같습니다.

'전쟁과여성인권박물관'은 바로 그 투쟁의 과정에서 만들어졌습니다. 일제강점기 시대에 끌려간 소녀들의 고통과 아픔의 역사를 기억하고, 잘못된 과거에 대해 사죄도 반성도 하지 않는 일본을 고발하기 위해서지요. 그 시작은 주한 일본대사관 앞 평화의 소녀상과 마찬가지로 20여 년 전으로 거슬러 올라갑니다.

1994년에 사료관 건립준비위원회가 발족되어 전쟁과여성인권박물관

건립을 위한 디딤돌이 놓이고, 1999년 서대문의 작은 공간에 '일본군
위안부' 역사를 알리는 교육관이 생기면서 미래 세대와 할머니들이 손
을 맞잡습니다. 그러나 일본 정부는 사죄는커녕 아무런 반응도 보이
지 않으며 할머니들을 무시하고 외면합니다. 그러는 동안 연로하신 할
머니들은 평생 맺힌 한을 풀지 못한 채 한두 분씩 세상을 뜨기 시작
합니다.

2003년에 기념관의 필요성이 제기되어 이듬해에 기념관 건립위원회
가 꾸려지고, 본격적으로 건립을 위한 작업이 시작됩니다. 2004년 12
월 16일 정대협은 '전쟁과여성인권박물관 건립위원회'를 정식 발족하
고 '일본군 위안부' 피해자들의 명예회복과 이를 위한 박물관 건립 모
금활동을 공식적으로 시작합니다.

건립위원회는 정부와 국회로부터 5억 원을 지원받고 서울시로부터
서대문 독립공원 안의 부지를 제공받습니다. 하지만 몇몇 단체들이 이
곳에 기념관을 지을 수 없다며 반대하는데요. 겉으로는 장소의 성격
에 맞지 않는다는 이유를 내세웠지만, 실상은 독립운동의 성지인 독
립공원에 치욕적이고 부끄러운 '일본군 위안부'들이 들어와 "애국선열
에 대한 명예를 훼손"한다는 것이었습니다(안숙영, 2014: 45~46, 59면). 할
머니들을 부끄러운 존재로 취급하고, 드러내고 싶지 않은 수치로 여긴
것이지요.

이런 수모를 같은 나라 사람에게 당하면서 할머니들의 가슴속 상처
는 덧나고 아픔은 더욱 커지게 됩니다. 그래서 기념관 건립은 기쁨이
아니라 슬픔 속에서 진행됩니다.

다행스럽게도 많은 분들이 할머니들과 정대협을 돕습니다. 중견 여
성건축가 김희옥이 그중 한 분인데요. 같은 여성으로서 할머니들의 고

통과 아픔에 공감해오던 건축가는 설계비를 받지 않고 재능기부 방식으로 기념관을 설계합니다. 하지만 원래 예정지였던 독립공원 안의 부지를 사용할 수 없게 되면서 그녀의 설계안은 결국 빛을 보지 못하게 됩니다. 이후 부지 매입 예산을 마련하기 위해 10여 년간 한국과 일본에서 모금 활동을 벌인 끝에 서울 성산동에 새로운 부지를 마련합니다. 문제는 터가 바뀌면서 설계도 바뀌어야 하는 상황이었는데요. 원설계자인 김희옥은 촉망받는 젊은 건축가들에게 기회를 주기 위해서 기꺼이 설계를 양보합니다. 흔치 않은 일이지요.[18]

그리하여 마포 성미산 끝자락, 오래된 주택들이 언덕을 따라 모여 있는 성산동 길모퉁이에 한국 현대사에서 가장 가슴 아픈 상처를 입은 할머니들을 기리는 기념관이 젊은 부부건축가(장영철, 전숙희)에 의해 세워집니다. 정확하게는 단독주택을 리모델링한 것인데요. 30년이 넘은 낡은 단독주택을 구입하여 덧대고 고치며 증축하고 개보수한 것으로, 신축보다 더 힘들고 어려운 작업을 거칩니다. 대지 면적 345㎡, 건축 면적 144㎡, 연면적 지상 308㎡ 지하 234㎡, 지상 2층과 지하 1층, 높이 8m의 연와조(벽돌) 구조로 전벽돌이 외부 마감재로 사용됩니다.

땅을 구입하고 남은 빠듯한 예산과 촉박한 준공 일정에도 불구하고 이 기념관은 2012년 5월 5일 어린이날에 전쟁과여성인권박물관이라는 이름으로 문을 엽니다. 전쟁이 만들어낸 끔찍한 역사의 반복을 막고 평화의 가치와 인권의 중요성을 미래 세대인 어린이들에게 전하기 위해서 개관일을 이날로 택합니다.

전쟁과여성인권박물관으로 들어가기 전에 우선 '일본군 위안부'라는 용어를 정리할 필요가 있습니다. '일본군 위안부' 이전에는 '종군위안부'

라는 말이 쓰였는데요. 여기서 '종군'은 자발적이라는 의미가 포함되어 있어서 적절한 표현이 아닙니다. '정신대'라는 단어 역시 종종 사용되지만 바르지 않은 표현입니다. 정신대는 일본이 전시체제로 들어서면서 조선의 노동력을 강제로 동원한 제도를 말하는 것으로, 여성의 경우 '여자(근로)정신대'라는 이름으로 광범위하게 사용되었습니다. 정신대는 '어떤 목적을 위해 자진하여 몸을 바치는 부대'라는 뜻이며 일제 강점기에 일본이 강제로 조선 인력을 수탈한 제도 중 하나입니다.

'일본군 위안부'라는 용어의 정확한 의미는 다음과 같습니다. 1932년 초 상해사변 당시 점령군인 일본 군인들이 중국 여성들을 대상으로 한 성폭행 사건을 빈번히 일으킵니다. 이로 인해 성병이 확산되고 반일감정이 고조되어 전쟁 수행에 차질이 생기자 일본은 점령지 여성들을 강제동원하기 시작합니다. 바로 이때 '위안소' 제도가 도입됩니다. 1945년 패전 때까지 일본은 '군 위안소'를 통해 식민지 여성들을 성 노예로 만드는 잔악한 범죄를 저질렀는데, 그 피해자들을 일컬어 '일본군 위안부'라고 부릅니다. '위안소'의 설립과 운영 그리고 '위안부' 모집은 군이 직접 하거나 민간에 위임되어 다양하게 이루어지는데요. 모두 군의 보호와 감독 그리고 엄격한 통제를 받습니다.

영어로는 범죄의 본질이 드러나는 'Military Sexual Slavery by Japan'이라는 표현을 쓰는데, 일본군을 위한 성 노예를 말합니다. 한국에서는 범죄의 주체인 일본군을 반드시 넣고 역사적인 사건으로서 따옴표를 넣어 [일본군 '위안부']로 표기합니다.

정대협에서 설명하는 표현은 위와 같지만, 따옴표를 일본군 위안부 전체에 넣어 하나의 역사적 고유명사로 만드는 '일본군 위안부'가 어쩌면 더 적절해 보입니다(이 책에서는 그렇게 표기했습니다). 영어 표현처럼 정확한 의미가 드러날 수 있도록 '일본군 성 노예'라는 표현을 쓰는 것도 한번쯤 고려해 보면 어떨까 합니다.

그녀들의 이야기로 쌓아올린 건축

정대협이 '일본군 위안부'가 겪어야만 했던 고통과 아픔의 이야기를 'Herstory'로 고유명사화하고 있는 것처럼 전쟁과여성인권박물관은 소녀에서 할머니에 이르는 과정, 즉 '그녀의 이야기'로 지은 건축이라고 할 수 있습니다.

이 건물은 주변 주택들과 차별화하기 위해서 전체적으로 검은 전벽돌을 마감재로 사용하는데요. 원래 있던 주택의 모습을 감추기 위해서, 그리고 주변 건물보다 큰 느낌을 주기 위해서 스크린 벽을 세우고 경사 지붕이 보이지 않도록 벽을 지붕보다 45cm 높입니다. 멀리서 또는 언덕 위쪽에서 보지 않으면 지붕이 드러나지 않아 마치 옥상이 있는 것같이 보입니다. 하지만 건물의 규모가 크지 않기 때문에 주변을 압도하지는 않습니다.

큰길에서 주택가로 진입하면 우측으로 담과 같은 검은 옹벽을 만납니다. 전쟁과여성인권박물관은 여기서부터 시작됩니다. 경사진 길모퉁이를 연결하는 이 벽은 길과 건물 기단의 높이가 같아지는 곳에 위치한 출입구까지 길게 이어져 긴 동선을 만들고 있습니다. 정문에 도착하면 결코 빠져나오지 못할 것만 같은 두꺼운 철문과 마주합니다. 이 너머에는 '일본군 위안부' 할머니들이 겪어야만 했던 잔인한 고통을 저장하고 있는 공간이 있습니다.

외벽을 돌아 입구로 들어서면 소녀의 이야기가 시작됩니다. 소녀로 끌려가 겪었던 끔찍했던 경험과 이제는 할머니가 된 현재의 모습, 그리고 여성인권과 관련된 문제들이 입구(맞이방, 여정의 시작) ― 지하(지하전시관, 그녀의 일생) ― 통로(계단전시, 호소의 벽) ― 2층(운동사관, history를 herstory로 바꾼 그녀들의 목소리, 생애관, 기부자의 벽, 추모관) ― 1층(기획전시관, 참여+약속의 공간, 뮤지엄 숍, 인포센터, 자료실) ― 박물관 뜰(휴식과 담소)의 동선으로 짜여 있습니다.

전시는 '맞이방(여정의 시작)'에 들어서서 소녀의 일생이 담긴 입장권을 구입하면서부터 시작됩니다. 할머니가 된 한 소녀의 일생이 담긴 표(요일마다 다른 소녀의 사연이 소개됨)를 구입하면, 끔찍하고 고통스러웠던 기억을 가로질러 아름다운 나비가 자유로이 날아가는 인터렉션 영상을 보게 됩니다. 그리고 뒤로 돌아 철제 쪽문을 열고 나가면서 소녀의 여정을 밟아가게 됩니다.

문을 나서면 '쇄석길(역사 속으로)'입니다. 건물 외벽과 뒷집과의 경사에 의해 자연스럽게 형성된 6m 정도의 옹벽 사이 공간은 왼쪽 옹벽에 그려져 있는 검은 형태의 소녀들과 오른편 건물 외벽에 걸려 있는 서글픈 할머니들의 얼굴, 바닥에 깔린 쇄석(부서진 돌)으로 이루어져 있

전쟁과여성인권박물관

습니다. 스피커를 통해 나오는 군홧발 소리와 쇄석 위를 걸을 때 나는 자갈 소리, 좌우의 소녀와 할머니 모습은 소녀가 불확실한 미래로 끌려가는 과정을 경험할 수 있게 해줍니다.

쇄석길의 거친 자갈 소리는 베를린에 있는 유대인박물관을 떠올리게 합니다. 유대인 건축가 다니엘 리베스킨트(Daniel Libeskind)가 설계한 그 박물관을 찾아간 때는 2008년 여름이었습니다. 세계적인 명성답게, 현기증을 일으킬 정도의 강력한 의미를 담아 나치의 잔혹함을 폭로하고 있는데요. 그중에서도 두꺼운 철판으로 1만 개가 넘는 얼굴을 만들어 바닥에 깔아놓은 '기억의 빈 공간(Memory Void)'이 압권입니다. 이스라엘 현대미술가 메나쉬 카디쉬만(Menashe Kadishman)의 작품이지요.

쇄석길

메나쉬 카디쉬만의 '기억의 빈 공간'(베를린 유대인박물관, 2001)
유대인 박물관 웹사이트 (http://www.jmberlin.de)

그는 '낙엽(Shalekhet – Fallen Leaves)'이라는 주제 아래 입을 벌리고 비명을 내지르는 듯한 형상의 얼굴들을 만들어 이 공간의 바닥에 설치해 두었는데요. 쇄석길과는 비교할 수 없을 정도로 차이가 크지만 효과 면에서는 유사한 점이 있습니다. 이 위로 발걸음을 옮기면 이유를 분명하게 알 수 있습니다. 여러 겹으로 포개지고 겹쳐진 얼굴들 위를 걸으면 그것들이 서로 부딪쳐 쇳소리를 만듭니다. 이 소리는 약 27m 높이의 벽을 치면서 울리지요.

발아래 밟고 있는 얼굴들이 내는 소리는 은유적이지 않고 직설적입니다. 대번에 의미를 알아차리게 되니까요. 한 발자국 옮길 때마다 들리는 울음소리는 벽을 타고 솟구쳐 끔찍한 비명으로 바뀝니다. 함께 걷는 이가 있다면 소리가 겹치면서 더욱 증폭되어 절규와 아비규환의 공간을 경험하게 됩니다. 바닥에 깔려 절규하는 얼굴은 어느덧 기차나 수용소 혹은 가스실에서 죽어간 유대인이 되어버리고 맙니다.

이 세상은 악마와 같은 사람들 때문에 살기에 위험한 곳이 아니라, 그것에 맞서서 아무것도 하지 않는 사람들 때문에 위험한 곳이라고 했던 아인슈타인의 말이 귓전에 쟁쟁하게 들리는 듯합니다. 처음에는 이웃이 가고 다음에는 친구가 가고 이윽고 내 가족의 차례가 찾아오는 순간, 그들은 무슨 생각을 했을까요?

낙엽 얼굴들을 밟으며 '기억의 빈 공간'을 걷다 보면 공간의 성격이 차츰 바뀝니다. 처음에는 침묵하는 이가 만들어낸 침묵의 공간이 되고, 그다음에는 뒤늦은 후회 속에서 잘못을 깨닫는 역설의 공간이 되고, 이윽고 고백과 사죄를 이끌어내는 참회의 공간이 됩니다.

고통과 공감과 치유의 공간

예측할 수 없는 장소로 다가가는 듯한 불안함을 느끼며 좁고 컴컴한 공간으로 들어갑니다. 이 동선은 실제로 어딘지 모르는 전장으로 끌려간 소녀들의 경험을 이입시키고 있습니다.

쇄석길을 따라 당도한 계단 아래 문은 소녀가 끌려 들어갔을 법한 어두운 지하로 연결됩니다. 영원히 빠져나올 수 없을 것만 같은 전쟁터와 위안소를 상징하는 듯한 어두운 '지하전시관(그녀의 일생)'입니다. 강제 혹은 사기로 동원된 소녀가 겪었던 고통스러운 위안소 생활과 해방 이후의 힘들었던 삶의 이야기를 영상을 통해 보고 듣게 되는데요. 여기서 만나게 되는 소녀는 조금 전 입장권을 통해 만났던 분입니다.

전시관 한쪽에는 문이 없고 천장이 낮은, 위안소의 한 칸 방으로 치환될 만한 공간이 있습니다. 어둡고 좁고 고통스러운 공간, 세상과 단절되고 고립된 공간, 이곳을 벗어나서도 자유롭지 못했던 불행한 소녀들의 공간입니다. 돈을 벌게 해준다고 속여 전장으로 끌고 간 과정과 그 이후의 삶을 적나라하게 보여주는 동선 처리와 공간이라고 할 수 있습니다.

'위안소'는 계급별 사용 시간과 요금이 정해져 있고, 병사의 안전을 위하여 '위안부'는 주기적으로 성병 검진을 받고 각종 위생사항을 지켜야 합니다. '위안소'에서 사용된 콘돔은 '돌격 1호'이고 '위안부'는 "천황이 하사한 선물" "위생적인 공중변소"로 불립니다. '위안소'에서의 생활은 죽음조차 스스로 선택할 수 없을 정도로 통제되는데요. '위안부'는 문밖에서 줄을 선 채 기다리는 수십 명의 병사를 쉴 틈 없이 받아야하고, 질병에 걸리거나 월경 중이거나 심지어 임신 중일 때도 예외 없이 무자비하게 강간을 당합니다.

일본의 패전 이후에도 그분들의 삶은 나아지지 않습니다. 폭격으로 죽거나 일본군에 의해 살해되니까요. 현지에 버려지는 건 그나마 다행스러운 경우입니다. 그렇게 살아남은 이는 머나먼 고향으로 돌아오기 위한 또 다른 사투에 직면하는데요. 물리적인 거리의 문제뿐만이 아닙니다. 고향에서 받을 멸시를 견딜 용기가 없어 귀국을 포기한 많은 '위안부'들은 결국 죽을 때까지 고향으로 돌아오지 못합니다.

지하전시관은 '계단전시(호소의 벽)'의 통로를 지나 2층의 전시 공간으로 이어집니다. 2층으로 오르는 동안 마주하게 되는 이 통로는 기존 주택의 계단을 뜯어내고 배관을 걷어낸 거친 벽면 위에 황토를 발랐는데요. 예사로이 지나칠 수 없는 수직의 전시 공간으로 만들어져 있습니다.

빛이 벽을 긁어 날카로운 소리를 내는 것 같은 이 공간은 울퉁불퉁한 벽면에 드리워진 불규칙한 그림자로 인해 마치 상처와 흉터로 가득한 피부처럼 보입니다. 이 위에 소녀들이 할머니가 되어 전하는 일본의 만행과 그에 대한 분노 그리고 희망을 전시하고 있습니다. 그분들의 글귀는 벽돌 위에 아픈 상흔처럼 새겨져 있고, 할머니들의 사진과 함께 서글픈 목소리가 계단실 공간을 울립니다.

목소리는 귓전을 지나 가슴으로 파고듭니다. 가슴에 묵직한 통증이 느껴지는 건 그분들이 아직 생존하여 우리와 같은 공기를 마시고 있기 때문만은 아닐 것입니다. 화답하지 않는 정치권과 미약한 시민사회의 반응, 무엇보다도 무심했던 자기 자신에 대한 부끄러움 때문이 아닐는지요.

피해자의 생생한 육성으로 가득 찬 이곳 '호소의 벽'은 고통이 절정에 이르는 공간입니다. 우리를 잡아 세워 그분들이 겪은 비극을 담담

"그걸 다 기억하고 살았으면 아마 살지 못했을 거예요" (호소의 벽)

"내가 살아남은 게 꿈 같아. 꿈이라도 너무 험한 악몽이라!" (호소의 벽)

히 들려주고 있습니다. 천창으로 들어오는 환한 빛은 뒤늦은 희망처럼 느껴지기도 합니다.

이곳은 방문객으로 하여금 가장 큰 심리적 영향을 받게 하는 공간입니다. 이 공간은 일반인들이 좀처럼 이해하기 힘든 부조리한 한국 사회와 맞닿아 있고, 가려지고 숨겨진 불편한 현실을 드러내고 있습니다. 건축가가 전달하고자 하는 의미를 형태에 담아 소통하는 것이 건축이라고 앞에서 언급했듯이 이곳의 건축적 형태는 우리가 보지 못하는 현실의 세계, '위안부' 할머니라는 한 개인의 비극과 고통을 훨씬 더 가깝고 정확하게 느낄 수 있게 합니다.

결국 우리는 건축물을 통해 건축가가 의도한 의미와 그 형태에 내재한 함의, 달리 말하면 현실의 숨겨진 본질에 눈을 뜨게 되는데요. 이 공간을 통해 우리는 패륜적인 일본과 소극적인 한국 정부, 아픔의 역사를 치부로 여기는 한국 사회, 그 속에 묻혀 파편화된 개인의 비극과 고통 등 우리 눈앞의 현실 세계를 직시하게 됩니다.

절정에 이른 공간은 당시의 사실관계를 밝히는 자료들이 전시되어 있는 2층으로 이어집니다. 마지막 계단을 밟고 2층으로 올라서면 전쟁이 낳고 키운 기형적 제도인 '일본군 위안부'와 관련된 군 문서와 자료가 전시되어 있습니다. 일본군에 의해 조직적이고 체계적으로 자행된 국가범죄인 '일본군 위안부' 제도와 '위안소'의 실체를 확인하고 이와 관련된 상황들을 살펴볼 수 있습니다.

또한 피해 여성들의 목소리를 통해 History를 Herstory로 만들어가는 운동사관을 따라가면서 '일본군 위안부' 문제 해결을 위한 수요시위, 법정투쟁, 국제활동 등의 영상과 기록을 살펴볼 수 있습니다. 그리고 주한 일본대사관 맞은편에 세워진 것과 동일한 평화의 소녀상을 만날 수 있습니다.

'일본군 위안부' 동원 시기와 지역 등이 기록된 패널과 함께 피해자들의 손때 묻은 유품이 전시된 생애관은 터치스크린을 통해 사진과 신문기사 등 피해자들의 삶에 대한 기록을 더욱 상세히 살펴볼 수 있게 구성되어 있습니다.

1층과 2층을 가로지르는 기부자의 벽은 관람객의 시선을 끕니다. 양쪽으로 마주 세운 기부자의 벽은 이 기념공간이 기부금에 의해 만들어진 것에 대한 고마움을 표현할 뿐 아니라, 피해자들에게 많은 시민들이 함께하고 있다는 사실을 상기시키는 역할을 합니다. 전쟁과여성인권박물관이 건립되기까지 주춧돌이 되어준 8천여 명의 후원자 이름이 3만여 글자로 열연강판에 빼곡히 채워져 있습니다. 이 기부자의 벽은 전시물이자 상징물이며 하나의 기념비입니다. 놀라운 사실은 그중 3천여 명이 일본인이라는 것이지요.

2층 마지막 공간으로 발코니를 확장하여 만든 추모관이 인상적입니다. 스크린 벽을 세워 주택의 모습을 감추려 하였으나 예산 문제로 윗부분을 막지 않고 열어놓게 되면서 만들어진 공간입니다. 직물을 짜듯이 열림과 닫힘이 반복되는 전벽돌 스크린 벽에는 고인이 된 할머니들의 사진과 이름, 돌아가신 날짜가 적혀 있습니다. 이름조차 남기지 못한 채 희생된 피해자들 역시 아무것도 적혀 있지 않은 벽돌에 추모할 수 있는데요. 앞으로 하나하나 채워질 것이므로 자연스레 숙연해집니다. 이 공간은 해가 더해질수록 그 수가 줄어드는 할머니들에 대해 안타까움을 느끼게 하며, 엇갈린 벽돌과 벽돌 사이에 헌화하면서 먼저 가신 할머니들을 추모할 수 있게 되어 있습니다.

올라간 2층 계단을 다시 돌아 내려오면 1층 상설전시관(세계분쟁과

기부자의 벽과 평화의 소녀상

여성폭력)에 이릅니다. 동질의 문제를 기억하고 교육하며 해결하기 위한 공간, 그리하여 치유의 공간이 되기를 간절히 바라는 마음에서 만들어진 공간입니다. 동시대 전 세계 곳곳에서 발생한 전쟁으로 인해 고통받는 여성들과 무자비한 성폭력 사례들이 전시되어 있습니다.

바로 옆 기획전시관은 전쟁과 여성인권 그리고 평화에 관한 다양한 이야기를 소개하는 공간이면서, 관람 시간 외에 세미나 같은 프로그램을 진행할 수 있는 다목적 공간으로 활용되고 있습니다.

이 너머에 휴식과 담소를 위한 마당이 있습니다. 기념관을 나서기 전에 자유롭게 쉬면서 이야기를 나눌 수 있는 뜰인데요. 화려한 꽃 대신 사시사철 피는 야생화가 심겨 있는 이곳은 때때로 작은 공연 등 행사를 위한 무대로 활용되기도 합니다. 넓지 않은 입구에서부터 관람객을 불편하게 만드는 긴 진입 동선의 의도와 달리, 이곳은 편안한 공간이 되도록 마무리하고 있습니다.

추모관

미완의 기념관

전쟁과여성인권박물관은 보수적이고 가부장적인 우리 사회에서 여성의 비극과 고통을 공간화한, 굉장히 소중하고 의미 있는 기억의 공간입니다. 한국 사회에서 여전히 힘없는 여성과 등한시되는 여성인권을 생각해보면, 여성 피해자의 삶을 주제로 삼은 건축은 드물고도 귀한 것임에 틀림없습니다. 무엇보다 소녀와 할머니가 겪었고 아직도 겪고 있는 비극적인 역사에 초점을 맞춘 건축물이란 점에서 그 가치와 의의가 대단하다 할 것입니다.

그러나 몇 가지 아쉬운 점이 있습니다. 이것은 우리의 정치적 상황과 사회의식 그리고 건축과 전시계획에 관련된 문제점으로 요약할 수 있는데요. 우선 한·일 양국 간의 관계에 미칠 영향 때문인지는 모르겠지만 '일본군 위안부'라는 이름을 직접 사용하지 않고 있다는 점(이와 관련하여 혹시 모종의 압력이 있었던 건 아닌지……)과, 피해자를 수치스럽게 여기는 우리 사회의 낮은 수준 때문에 독립공원 부지에서 빠지게 된 점을 들 수 있습니다.

그뿐이 아닙니다. 건축은 그것이 세워지는 땅과 밀접한 관련이 있기 때문에 이처럼 상징성이 큰 건축물이 들어설 장소, 즉 위치가 중요하지 않을 수 없는데요. 전쟁과여성인권박물관이 도시 중심부에 세워졌다면 지금보다 훨씬 더 큰 사회적 반향을 일으킬 수 있었으리라 생각합니다. 이 기념관이 도시 중심부가 아닌, 찾기 힘든 일반 주거지에 만들어졌다는 것은 아픈 과거의 역사가 아직 우리 사회 한가운데로 들어오지 못하고 있음을 의미하며, 결국 우리의 남루한 역사의식을 역으로 보여주는 것 같습니다. 애초에 계획되었던 독립공원 부지에 건립되었거나 주한 일본대사관 앞 평화의 소녀상과 연계하여 광화문 광장 인근에 건립되었다면, 그 장소성에 힘입어 이곳의 상징성을 건축이 만들어낼 수 있는 최고 수준까지 끌어올릴 수 있었을 것입니다.

더불어 언급하고 싶은 것은 전시계획에서의 아쉬움인데요. 전시 공간이 서술적 기법에 의해서 잘 짜여 있음에도 불구하고 좁은 공간에 다소 많은 양의 정보가 전시된 점에서, 특히 2층은 공간에 비해 정보의 양이 너무 많아 자칫 박제화된 것들의 무덤으로 보일 수도 있다는 점에서 좀 더 대안적인, 지금과는 다른 서술적 기법 혹은 전시 기법이 필요해 보입니다.

전쟁과여성인권박물관은 아직 완성되지 않은 미완의 기념관인 듯합니다. 피해자의 목소리가 더욱더 강력하게 작용하여 일본이 자국의 범죄를 국가적으로 인정하고 할머니들에게 사죄할 때, 그리하여 할머니들의 한이 풀릴 때, 그분들의 피해가 본인들의 잘못에서 비롯된 것이 아니라 어쩔 수 없는 상황에서 기인한 불가항력적인 것이었음을 우리 사회 모든 구성원들이 인식하고 공감할 때, 그래서 무엇보다 한국 사회에서 그분들의 인권이 복원될 때, 건축적으로는 이곳의 주제와 관련된 정보들을 더 흥미롭게 관람할 수 있는 치밀한 전시계획이 마련되어 더 많은 공감을 불러일으킬 때, 비로소 이 기념관은 완성될 것입니다.

▼

위치 서울특별시 마포구 성산동 39-13 (서울특별시 마포구 월드컵북로 11길 20)
(02)392-5252
교통 지하철 : 2호선 홍대입구역 1번 출구 (환승 : 지선버스 7711, 7016, 7737, 마을버스 15)
버스 : 109, 171, 272, 601, 606(간선) 1020, 1711, 7016(지선)
개관 화~토 13:00~18:00 (정기 관람 시간 외의 단체관람은 사전 문의를 통해 예약. 정기 관람 시간 내에 관람이 불가능한 노동자와 시민들의 편의를 위해 연장 개관이나 특별 개관을 정기적으로 사전 공지함. 홈페이지 참고)

평화의 소녀상과 전쟁과여성인권박물관에 대하여

|국민과 국가|

─ 소녀상을 방문한 우리 일행을 보고 재빨리 분주하게 무전을 치는 경찰을 볼 때, 그리고 우리에게 여기 온 목적을 물을 때 참 이상하다는 생각을 했습니다. 차갑게 보이는 주한 일본대사관 건물과 작은 소녀상 사이에서, 이국의 어느 땅에 와 있는 듯한 착각이 일 정도였습니다. 한국의 어느 곳에서도 느껴보지 못한 낯선 기류, 낯선 긴장감이 지배하는 서울 한복판……. 여기 이 공간이 마치 시간이 멈춰선 정체불명의 공간 같았습니다.

·김명식· 시대의 폭력은 압제와 저항, 왜곡과 진실규명을 끊임없이 반복시킵니다. 하지만 진실의 기억을 보존하려는 과정을 거치고서도 폭력의 근원은 망령처럼 남아 우리를 옥죕니다. 기억의 공간은 저항과 진실규명을 통해 시대의 폭력을 드러내는 것이고, 그 목적은 되풀이되지 않는 역사를 만드는 데 있습니다. 여기서는 힘겨운 투쟁만이 그것에 근접할 수 있다는 우리 자신의 표식을 남기고 있는 것 같습니다.

─ 우리는 무엇을 위해 존재하고 국가는 무엇을 위해 존재하는 것일까요? 거대한 국가권력 앞에 홀로 앉아 있는, 나라 잃어 끌려간 수많은 소녀를 상징하는 소녀상. 피해국인 한국의 나약한 소녀상이 아닌 가해국 일본을 지

키고 선 대한민국의 경찰과 경찰차. 국가권력에 대항하는 힘없는 할머니는 언제쯤 그 한을 풀 수 있을까요?

— 국가는 누구를 위해 존재하는가, 라는 질문이 떠오르지 않을 수 없습니다. 그 극명한 대비에 소스라치게 놀랄 우리의 현실 앞에서 말이지요. 평행선을 그리며 맞닿을 것 같지 않은 거리, 뒤집을 수 없을 것 같은 차이, 그 큰 힘의 차이 앞에 무기력함은 누구의 탓일까요?

— 지도자의 역사관과 민중의 역사관에 대해 생각이 났습니다. 처음에는 권력자 혹은 지도자의 역사의식 부재가 현재의 우리 사회와 의식을 만들지 않았나 생각했는데요. 두 곳을 다니면서 생각해보니 부끄럽고 고통스러운 기억, 상황, 현장, 역사에 대해 저 역시 스스로 외면해 왔던 것은 아닐까 하는 생각이 들었습니다. 한 나라의 역사의식과 삶의 수준은 소수의 권력자나 지도층에 달려 있는 것이 아니라 국민 개개인의 능동적인 노력이나 행동에 달린 것이 아닌가 하고요.

| 한국의 사회의식과 역사의식 |

— 전쟁과여성인권박물관이 이렇게 외진 곳에 있을 줄은 몰랐습니다. 정부의 지원도 많이 받지 못하고, 규모도 크지 않고, 더욱이 가정집을 개조하여 만든 걸 보면 안타까운 마음이 들 지경입니다. 우리 사회가 물질적인 삶에만 몰두한 나머지 정신적인 것, 역사적인 것, 문화적인 것을 너무 잊고 사는 것은 아닌가, 우선순위가 한참 밀려나버린 것은 아닌가 생각합니다.

·**김명식**· 독일 같은 경우에는 수도 베를린 한가운데 전쟁 피해자를 위한 기념비들을 많이 지었습니다. 많은 사람이 쉽게 접근할 수 있게, 수치스러운 자국의 범죄 행위를 잊지 않고 일상에서 접할 수 있게, 그런 기억을 통해 반성할 수 있도록 미래 세대로 하여금 반인류적이고 반인권적인 행위의 끔찍한 결말과 그에 대한 메시지를 일상에서 접할 수 있게 해 두었는데요. 가해국과 피해국의 차이는 있지만, 우리와 그들의 차이는 결국 역사에 대한 의식수준의 차이가 아닐까요? 또한, 가해국으로서 베트남전에서 한국 군인들이 저질렀던 행위에 대한 반성이나 사죄를 같은 수준에서 놓고 볼 수 있을 것 같아요.

― 유럽의 나라들이 유럽연합으로 결집할 수 있었던 데에는 홀로코스트에 대한 기억이 핵심적인 역할을 했다고 주장하는 학자들이 있습니다. 그들은 끔찍했던 대량학살에 대한 공포와 기억을 공유하고 있으며, 그에 대한 반성과 재발 방지 합의 등을 공통의 정체성으로 삼고 있는 게 사실입니다. 사회적인 분열과 갈등이 큰 문제가 되고 있는 우리 사회에서, 또한 동남아시아권에서 '일본군 위안부' 문제는 유럽연합과 마찬가지로 아시아의 평화나 아시아연합 같은 정체성 형성에 중요한 역할을 할 수 있지 않을까요?

|피해자이면서 가해자|

·**김명식**· 우리도 어디선가 가해자이지 않았나 생각해봅니다. 피해자이면서 가해자는 아니었는지……. 예컨대 베트남전쟁 같은 것을 생각해볼 수 있겠지요. 전쟁과여성인권박물관은 '일본군 위안부' 문제뿐 아니라 전쟁과 관련

해서 여성인권이 유린당하는 문제점을 함께 다루고 있다는 점이 좋았다고 생각합니다. '일본군 위안부' 문제를 우리나라의 민족적인 문제로만 국한하지 않고, 동시대 여러 나라에서 일어나고 있는 동질의 문제에 관심을 갖고 여성인권에 대해 피력하고 도와주는 연대의 모습 말이지요.

— 베트남전 당시 한국은 파병국으로서 학살과 성범죄를 저지른 가해자였습니다. 이에 대해서 최근에 기사가 많이 나오고 있는데, 반성과 사죄가 필요해 보입니다. 그런데 우리 사회는 망각지향적인 사회인 것 같습니다. 남영동 대공분실에서 들었던 "나쁜 기억은 잊는 게 좋다"는 식의 말처럼요. 불편함 혹은 치부로 여기는 것이 문제인 것 같아요. 세월호 희생자를 위한 추모집회를 두고 지긋지긋하다며 이제 그만하고 잊자는 것을 보면 그런 마음이 듭니다. 우리에게 필요한 것은 이웃의 고통에 공감하며 불편한 기억을 안고 앞으로 나아갈 수 있는 정신의 힘 아닐까요?

| 기억과 망각 |

— 잊는 것은 반복을 조장할 수 있으니 결코 문명의 발전에 도움이 되지 못합니다. 불편함 혹은 치부를 어떻게 다루고 기억해야 할까요?

·**김명식**· 기억은 우리가 소중하게 여기던 어떤 것을 상실했을 때 이것을 받아들이면서도 한편으론 그 존재의 상실에 대해 잊지 않고 계속해서 생각하는 것인데요. 과거의 일이 우리에게 불가항력이었다는 점에서, 상실에 대한 적극적인 인식이 지속적인 기억으로 이행될 수 있습니다. 일어났던 일을 불

편한 치부로 여긴다면 곧바로 잊으려는 시도를 하게 될 텐데, 굉장히 위험한 태도라고 봐요. 그렇게 되면 반복될 확률이 높을 테니까요. 아니, 틀림없이 반복될 거예요. 피해자를 애도하고 추모하면서 기억해야 이를 바탕으로 더 나은 삶의 세계를 만들 수 있다고 생각합니다. 설령 치욕스럽고 불편하더라도, 기억이란 과거의 일을 거대한 역사적 맥락 속으로 집어넣는 것이므로 그것을 구체적인 형태로 남기는 작업은 매우 중요합니다. 건축이든 조각이든 그림이든 관계없이 어떤 방식으로든 물질적인 기념의 형태, 즉 미적인 형태로 옮겨놓아야 한다고 생각합니다.

| 피해자의 치유 |

― 우리나라는 유교적 전통과 관습으로 인해 가부장적이고 여성의 인권에 소극적이어서 '일본군 위안부' 문제에 관해 자폐적인 성향을 드러내는 것 같습니다. 역사적 진실을 규명하고 가해국의 사과를 받아내는 것만큼이나 피해자의 치유가 중시되어야 할 것입니다. '일본군 위안부' 여성들의 마음이 치유되는 것이 무엇보다 중요하겠지요. 이 두 가지는 별개의 것이 아니라 동시에 이루어질 거라고 생각합니다. 일본의 진실한 반성과 사죄는 곧 피해자의 치유 과정이 될 것이기 때문입니다. 그리고 우리가 피해자를 바라보는 시선이 더욱 따뜻해져야 할 것 같고요.

― 평화의 소녀상에서 보았듯이 나비는 '일본군 위안부' 할머니를 비롯한 여성 전쟁 피해자를 상징하는 데 사용되고 있습니다. 연약한 여성의 심상을 나타내는 나비는 상징물로서 적당하지 않은 것 같다는 생각이 들었습

니다. 세계사에서 유례없는 최장기간 투쟁을 해오고 계신 할머니들을 너무 나약한 이미지로 제한하는 듯해서요. 피해자들을 수동적이고 연약한 동정의 대상으로 만드는 것 같습니다. 나비 중에 '부엉이나비'라는 종이 있는데, 천적으로부터 자신을 보호하기 위해 부엉이 눈처럼 날개를 펴고 저항합니다. 할머니들을 표현하는 나비가 연약하지만 생명에 대한 의지가 강한 부엉이나비였으면 좋겠다는 생각이 들었습니다.

▼
3장
도시의 공간:
고통의 현장과 기억의 풍경

—

거리나 광장, 공원과 같은 도시 내부의 공적 공간은 건물 내부의 사적 공간과 달리 공동체를 위해 열려 있습니다. 서대문형무소역사관과 서소문 순교성지(서소문공원)는 고통스러웠던 역사의 장면과 아픈 기억의 풍경이 펼쳐지고 있는 공동체의 공간입니다. 집단의 고통과 공동체의 아픔이 서린 현장을 마주하면서, 고통과 기억으로 공간화된 도시를 이해하는 실마리를 찾을 수 있을 것입니다.

—

서대문형무소역사관 |서울시 서대문구 현저동|
서소문 순교성지 |서울시 중구 의주로 2가|

서대문형무소역사관

단두대 위에 올라서니
오히려 봄바람이 부는구나
몸은 있으나 나라가 없으니
어찌 감회가 없으리오
_ 강우규(1855~1920), 「절명시」

서대문 독립공원에 위치한 서대문형무소역사관은 최초의 근대식 형무소입니다. 일제강점기 독립운동가들(왕산 허위, 왈우 강우규, 백범 김구, 도산 안창호, 약산 김원봉, 만해 한용운, 유관순 등)을 가두고 처형한 곳입니다. 적지 않은 애국지사들이 이곳에서 순국합니다. 민족 수난의 역사적 현장이지요.

광복 후에는 독재권력에 의해 간첩이나 사상범, 운동권 학생과 재야인사 등 민주화운동가들이 수감되어 옥고를 치른 곳이기도 합니다. 그래서 한국 감옥에서 빼놓을 수 없는 기념지로 손꼽히고 있습니다. 관련된 사건으로는 105인 사건(1911), 3.1운동(1919), 6.10만세운동(1926), 진보당 사건(1958), 동백림 사건(1967), 인혁당 사건(1964, 1974), 6.3학생운동(1964~1965) 등이 있습니다. 이곳은 식민통치 권력과 독재권력에 의해 발생한 아픔과 고통이 새겨진 곳입니다. 독립운동에서 민주화운동에 이르는 한국 사회의 격변, 한국 근현대사의 질곡을 잘 보여주고 있습니다.

서대문형무소의 역사는 일본에 의해 시작되었습니다. 일본은 1905년에 을사늑약을 강제로 체결하고 외교권을 박탈하면서 조선을 식민지로 병탄하려는 야욕을 드러냅니다. 1907년 '정미7조약' 이후 이에 저항하는 의병 활동이 활성화되고 애국지사들이 전국적으로 일어나는데요. 일본의 입장에선 이 독립운동가들을 투옥할 큰 감옥이 필요해집니다.

1908년 10월 21일 일본 건축가 시텐노 가즈마四天王要馬의 설계로 인왕산록仁王山麓의 금계동(서대문구 현저동에 있던 마을로서 무악약수터 아래 골짜기)에 한국 최초의 근대식 감옥인 '경성감옥'이 신축됩니다. 이때부터 1945년 해방 때까지 이곳에서는 국권을 회복하고자 노력하던 수많은 애국지사들이 투옥되고 고문당하고 처형됩니다.[19]

1910년 일본이 조선을 강제로 병합한 후 독립운동가들이 급격히 늘어나면서 수감 인원도 증가하게 되는데요. 이에 일제는 마포 공덕동

강우규 동상. 서울역 광장

에 새로운 감옥을 지어 경성감옥이라 하고, 서대문에 있던 경성감옥을 1912년 9월 3일 '서대문감옥'으로 개칭합니다. 1919년 3.1운동으로 수감자가 급격히 증가하자 일제는 기존 건물을 수용인원 3천여 명 규모의 대규모 감옥으로 증축합니다. 이후 1923년 감옥제도가 형무제도로 바뀌면서 '서대문형무소'로 바뀌어 1945년까지 23년간 같은 이름으로 유지됩니다.

서대문형무소는 1945년 11월 21일 미 군정에 의해 '서울형무소'로 개칭되고, 대한민국 정부 수립 이후 형무제도가 교도제도로 바뀌면서 1961년 12월 23일 '서울교도소'로 변경됩니다. 서울교도소의 기능이 미결 수감자 위주의 구치소로 전환됨에 따라 1967년 7월 7일 '서울구치소'로 바뀌고, 이후 군부독재 정권에 항거하였던 민주화운동 인사들이 대거 수감되면서 이곳은 격변의 근현대사와 민주주의의 역사를 보여주는 현장이 됩니다.

1987년 11월 5일 서울구치소가 경기도 의왕시로 이전된 이후 이곳은 일부 옥사와 사형장 등이 원형대로 보존된 채 교육장으로 활용됩

1930년대 서대문형무소 모형

니다. 이듬해인 1988년에는 일제강점기 수많은 독립운동가들이 수감되어 고초를 겪은 역사의 현장으로서 중요성과 가치를 인정받아 제10, 11, 12옥사와 사형장이 국가사적(제324호)으로 지정됩니다.

아쉬운 점은 1987년 당시 의왕시로 옥사를 이전하면서 기존 건물을 허물고 자재를 폐기물 사업자들에게 판매하는 등 원형을 크게 훼손하였다는 것입니다. 불과 30여 년 전의 일인데도 사진이나 기록 외엔 원형을 파악할 길이 없으니 안타깝습니다. 이곳은 폴란드의 아우슈비츠보다도 훨씬 더 잔인한 일들이 벌어졌던 곳입니다. 그럼에도 불구하고 원형이 보존되지 않은 점은 당시 역사의식의 부족이나 치부를 드러내지 않으려는 수준 낮은 우리의 모습을 여실히 보여주는 증거라고 생각합니다. 그렇지 않았다면 서대문형무소 전체가 사적으로 보존될 수 있었겠지요.

1996년 서대문구 주도로 이곳을 독립과 민주주의의 현장으로 만들기 위한 작업이 시작되고, 1998년 11월 5일 서대문형무소의 역사적 의의를 밝히는 서대문형무소역사관이 개관하게 됩니다. 투옥되었던 독립운동가뿐 아니라 민주화운동가들의 각종 자료와 유물 그리고 옥사 원형 등이 전시되어 있습니다. 눈여겨볼 곳 중에는 특수고문실, 유관순의 시체가 아무도 모르게 빠져나간 시구문, 강우규와 송학선 등이 처형된 사형장, 교회당, 공장, 취사장, 식당, 세면장, 감시탑과 격벽장 등이 있습니다.

서대문형무소역사관의 전체 구조를 이해하려면 우선 알아야 할 개념이 있습니다. 최소의 비용 혹은 노력으로 최대의 효율을 만들어내기 위해서 공리주의자 벤담(Jeremy Bentham, 1748~1832)이 기획한 파놉티콘(panopticon)이 그것인데요. 벤담은 이 개념을 바탕으로 1791년 건축가 윌리 리버리(Willey Reveley, 1760~1799)의 도움을 받아 일망감시를 위한 시설, 일종의 원형 감옥을 고안해냅니다.

파놉티콘은 그리스어로 '모두'를 뜻하는 판(pan)과 '관찰하다'를 의미하는 옵티콘(opticon)의 합성어인데요. 관찰자 혹은 감시자가 '모든 상황을 한눈에 파악 혹은 감시한다'는 뜻입니다. 이 건물은 일망감시 체계, 일망감시 장치 혹은 일망감시 구조를 갖는 최초의 근대식 감옥입니다. 이러한 건축적 장치는 근대의 권력관계를 잘 보여줄 뿐만 아니라 권력의 창출 및 재창출, 다시 말해 권력을 유지하는 데 적합한 일종의 기계장치로 이용됩니다.(미셸 푸코, 1994, 297면)

건물의 구조는 대략 이렇습니다. 파놉티콘의 특징을 잘 보여주는 원형의 중앙에 높은 감시탑이 위치하고, 감시탑 밖의 원 둘레를 따라 죄수들의 방이 둥글게 배치됩니다. 이 건물은 감시자가 주위 360도를 모두 내려다보며 수감자의 일거수일투족을 한눈에 감시할 수 있게 설계되어 있습니다.

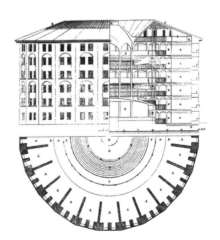

벤담이 고안한 파놉티콘 설계도
(윌리 리버리, 1791)
Foucault, Michel(오생근 역), 감시와 처벌:
감옥의 탄생, 나남출판, 1994, 296면.

중요한 것은 중앙의 감시탑을 수감자가 들여다볼 수 없다는 점입니다. 밝고 환한 수감자들의 방과는 달리 감시탑은 늘 어둠에 싸여 있기 때문입니다. 감시자는 자신의 존재를 드러내지 않으면서 각 수용실의 수감자를 감시할 수 있습니다. 수감자의 입장에서는 자신을 감시하는 감시자, 즉 권력의 실체를 볼 수 없으므로 감시자의 존재 여부와 관계없이 항상 감시당한다고 자각하지요. 결국 수감자는 이러한 일종의 규율 혹은 권력의 질서를 내면화하고, 자신을 스스로 감시하거나 검열하는 상태에 이르게 됩니다. 바로 이게 벤담이 고안한 파놉티콘의 효과입니다.

이와 같은 일망감시 구조는 과거 신체에 가하던 가혹한 처벌이 근대로 넘어오면서 처벌 대상이 정신으로까지 확장되었다는 것을 보여줍니다. 즉, 이 구조는 근대 권력의 지배 방식이 몸에서 정신으로 이행되고 있음을 보여줍니다.

이러한 근대적 감시 장치의 기술은 군대나 학교, 공장, 병원 같은 다양한 형태의 근대식 건물에 적용되는데요. 서대문형무소 역시 마찬가지입니다. 감시 효과를 극대화하기 위해 관리와 감시를 위한 시설을 중심으로 수용실이 부채꼴 모양으로 펼쳐져 있습니다. 전형적인 파놉티콘의 형태지요. 잊지 말아야 할 점은, 모골이 송연해지는 고문이 그 어느 곳보다 심하게 이곳에서 행해졌다는 것입니다.

벽돌담 너머에 깃든 한국 근현대사의 비극

앞에서 얘기했듯이 건축은 내·외부를 동시에 고려하면서 공간을 만들고, 이렇게 만들어진 공간 밖은 도시의 일부를 형성하게 됩니다. 건축물은 도시에 주어지는 것이기 때문에 자연스럽게 도시 공간의 일부가 되고, '도시의 건축'의 시작점이 됩니다.

서대문형무소역사관의 담장과 정문이 주는 인상은 평범하지 않습니다. 감옥이라는 구속의 공간은 도시의 공적인 삶의 영역과는 다르기 때문입니다. 이 담장과 정문은 내·외부를 나누고 연결하는 경계의 요소로서, 안팎의 공간을 정의하는 데 결정적인 역할을 하는 이중성을 드러내고 있습니다. 잠시 후에 찾아갈 서소문 순교성지와 함께 서울 서쪽 공간의 한 부분을 차지하면서 감옥이라는 독특한 분위기를 형성하고 있습니다.

이제 공간 안으로 들어가 보겠습니다. 서대문형무소역사관의 전체 동선은 굉장히 긴 편입니다. 형무소 규모가 작지 않기 때문인데요. 관

서대문형무소역사관 입구

람 동선은 망루와 담장-매표소-보안과 청사-지하 고문실-중앙
사-12옥사-11옥사-공작사-한센병사-추모비-통곡의 미루나
무-사형장-시구문-옥사 터-격벽장-여옥사-취사장 순으로
되어 있습니다.

재소자의 동태를 감시하기 위한 망루와 탈옥을 막기 위한 긴 담장
너머로, 독립 정신과 민주주의 정신을 압제했던 잔인한 역사의 현장이
펼쳐집니다. 매표소를 통해 입장권을 구매하고 나면 마주하게 되는
널찍한 공간, 독립과 민주주의를 향한 아우성과 몸부림이 갇혔을 옥
사와 좌우로 멀리 떨어져 있는 붉은 벽돌 건물들이 보입니다.

"내가 교도소에서 얻은 병은 세 가지다. 한쪽 귀가 먹었고, 이가 하나 빠졌
으며, 수염과 머리가 하얗게 세었다." _ 독립운동가 여운형(1886~1947)

보안과 청사 안의 공간은 암울했던 시대의 상황과 서대문형무소의
역사를 전시하고 있습니다. 일련의 역사를 따라가다 가장 인상 깊은
공간과 마주합니다. 옥고를 치른 수많은 독립운동가의 사진, 이름, 키
(척尺, 촌寸, 분分으로 표시된)가 기록된 수형기록표로 뒤덮여 있는 공간인
데요. 그야말로 애국지사께 바쳐지는 방입니다. 5천여 장이 넘는 독립
운동가의 수형기록표가 이곳 '민족저항실'의 네 면을 덮고 있고, 그들의
숭고한 정신이 공간을 가득 채우고 있습니다. 어쩌면 그들은 드디어 독
립된 조국에서 자랑스러운 무덤을 갖게 된 것인지도 모릅니다.

전시실의 동선을 따라가면 사형장의 모형이 나옵니다. 이곳은 같은
건물 지하 고문실의 암시이기도 하고, 죽기 전까지의 고통을 함축하고
있는 것 같기도 합니다.

    몇 개의 실로 나누어진 전시 공간을 돌아 지하로 내려가면 마주치
기도 싫은 끔찍하고 잔인한 고문실로 들어가게 됩니다. 일반적이지 않
았던 남영동 대공분실의 5층 고문실이 눈앞에 겹쳐집니다. 모골이 송
연해진다는 말의 뜻을 이곳을 통해 실감합니다. 보존된 고문실과 고
문 장치들 그리고 영상으로 만나게 되는 고문 피해자들의 증언은 인
간이 어디까지 잔인해질 수 있는지 그 잔인함의 최대치를 알 수 있게
해주기 때문에 감정이 격해지지 않을 수 없습니다.

    "수감 생활, 고문은 상상에 맡기겠다." 1930년대에 수감되어 비행기
고문, 성고문을 받고 손가락이 골절되고 엉덩이뼈가 소실된 여성 독립
운동가 이병희의 증언. 그분의 목소리가 지금도 귓전을 때립니다. 신
흥무관학교 설립자 우당 이회영의 아들인 독립운동가 이규창을 비롯
한 많은 독립운동가들을 지하의 고문실에서 만날 수 있습니다.

    지하의 임시 구금실과 취조실을 고문실과 바로 붙여놓은 탓에, 구
금자는 취조를 받는 동안 극대화된 공포를 느낍니다. 남영동 대공분
실의 취조실이 연상되면서 고문에 대한 일종의 '계보'가 존재하는 것

보안과 청사(좌), 민족저항실(우)

중앙사와 12옥사 내부

같다는 생각이 듭니다. 이곳의 고문 기술자는 물고문, 손톱 찌르기, 상자고문, 비행기고문, 항문 찌르기, 벽관고문, 난장고문, 성고문, 회뜨기 고문 등 93가지에 이르는 고문을 가하며 인간의 존엄을 무참히 파괴합니다. 가히 상상하기조차 괴로운 장면이 계속해서 연상되는 피의 현장을 목도합니다. 잔인한 고문이 끝나고 나면 그나마 다행스럽게도 옥사에 갇히게 됩니다.

지하 고문실을 빠져나와 형무소 조직과 감시 도구, 재소자들의 하루 일과 등 전반적인 형무소 생활에 대하여 알아볼 수 있는 중앙사와 세 옥사(11, 12옥사만 개방)에 이릅니다. 독립운동가와 민주화운동가들이 수감되어 옥고를 치른 곳이지요. 중앙사에서부터 세 갈래로 뻗어 있는 옥사를 통해 파놉티콘의 구조를 정확히 경험할 수 있습니다. 세 옥사가 만나는 지점에 단이 높은 감시대가 있습니다. 감시자는 여기에 앉아 한눈에 세 곳을 관찰합니다. 이런 구조는 잠시 후 들르게 될 격벽장에서 더욱 확실하게 경험할 수 있습니다.

이곳을 지나오면 회색 죄수복의 미결수와 주홍색 죄수복의 기결수를 가리지 않고 가혹한 수감생활을 하게 했다는 것을 여러 가지를 통해 확인할 수 있습니다. 죄의 경중에 따라 단계별로 밥그릇 안에 나뭇조각을 넣어 밥(틀밥)을 찍어 배식하고, 5인용 방을 30명이 사용하고, 비좁은 공간에 교대로 누워서 잠을 자고, 창도 변기도 없는 0.74평의 독방(이른바 '먹방')에 수시로 갇혔던 것 등으로 미루어, 이곳에 인권은 애당초 존재하지 않았다는 것을 분명하게 알 수 있습니다.

옥사를 벗어나면 지금은 사라진 공장 터와 아직 보존된 '공작사'가 있습니다. 재소자들은 직조, 양조, 김매기, 밥 짓기 등의 노역에 동원되었는데요. 이곳은 형무소, 군부대, 관공서 등에 필요한 물품을 만들어

공급하던 공장입니다.

당시 서대문형무소에 수감된 독립투사들은 하루 10시간 반 동안 노역에 투입되었다고 합니다. 계절별로 조금씩 달랐지만 가장 더운 7월 무렵에는 하루 10시간 반에서 14시간의 고된 노역을 견뎌냈습니다.[20]

"아침저녁 쇠사슬로 허리를 마주 매고 축항공사장에 오르내린다. 불과 반일에 어깨가 붓고 등창이 나고 발이 부어서 운신을 못 하게 된다. 무거운 짐을 지고 사다리를 올라갈 제 여러 번 떨어져 죽을 결심을 한다." _ 백범 김구 (1876~1949)

공작사는 각종 관용물품을 만드는 곳입니다. 특히, 연와(벽돌)를 많이 만들었는데요. 경성감옥을 상징하는 '경京'자가 새겨진 벽돌과 공용물품을 상징하는 '관官'자가 새겨진 벽돌이 인상적입니다. '京' 자와 '官' 자가 새겨진 붉은 벽돌은 서대문형무소 건물과 벽돌이 깔린 바닥 곳곳에서 찾아볼 수 있습니다.

1987년 구치소가 의왕시로 이전하면서 건물이 철거되는데 그때 나

공작사에서 구워 만든 벽돌

온 자재들, 특히 벽돌이 외부로 유출되어 여러 곳으로 팔립니다. 그중 일부가 을왕리 바닷가의 한 펜션에서 발견되기도 합니다.

공작사를 지나면 오른편으로 작은 연못, 위쪽으로 한센병사가 보입니다. '나병' 혹은 '문둥병'으로 불리던 한센병은 전염병이 아님에도 불구하고 당시엔 상처가 있는 피부를 통해 나균이 침입한다 하여 전염을 막기 위해 강제로 격리시키는데요. 서대문형무소가 기피시설로서 서울 중심에서 서쪽에 위치하는 것처럼, 한센병사 역시 형무소 가장 안쪽인 서쪽의 안산 숲에 접한 담장에 배치됩니다.

이곳을 지나면 곧 사형장에 이르는데요. 중간에 추모비를 만나게 됩니다. 독립운동을 하다 이곳에 투옥되어 순국하신 애국선열의 넋을 기리기 위해 '민족의 혼 그릇'이라는 이름의 추모비가 2010년에 세워집니다. 추모비에 새겨진 165명의 이름 하나하나를 부르며 명복을 비는 데 시간이 너무 많이 걸린다는 생각이 드는 순간, 조국을 위해 죽음까지 불사했던 그분들의 숭고한 정신 앞에 불경스러움을 느끼게 됩니다.

이 추모비는 독립운동가의 민족정신과 자유와 평화를 향한 의지를 한데 모으고 미래를 향해 나아가는 의미를 담고 있습니다. 현재까지

한센병사와 추모비

사형장 앞
'통곡의 미루나무'

사형장 입구

사형장 담벼락 안쪽
'통한의 미루나무'

발굴된 165명의 이름이 추모비에 새겨져 있고, 앞으로도 지속적으로 추가 발굴하여 새길 예정입니다.

추모비 왼쪽으로는 흰색 분칠을 한 것으로 여겨질 만큼 백화현상이 심하게 일어난 5m 높이의 담벼락이 있습니다. 이 건물이 다른 건물과 다른 성격을 가졌음을 한눈에 알 수 있는 모습입니다. 높은 벽돌담장은 1923년에 나무로 지어진 사형장을 둘러싸고 있습니다. 누군가 면회를 온 것으로 알고 따라나섰던 애국지사는 이내 사형장으로 향하는 자신을 발견하고 죽음을 직감합니다.

그리고 사형장 입구를 들어서기 전에 나무 하나를 만납니다. 마지막으로 이 나무를 부여잡고, 조국의 독립을 보지 못하고 죽는 것을 원통해하며 통곡합니다. 그래서 이 나무는 독립을 위해 투쟁하다 억울하게 사형당한 애국지사의 울분과 눈물을 받아낸 '통곡의 미루나무'로 불립니다.

벽돌담장 안에 들어서면 왼편에 조금 작은 미루나무가 하나 더 있습니다. 사형장 안으로 끌려 들어가는 이의 마지막 발걸음을 모두 목격했을 '통한의 미루나무'인데요. 죽음의 음습한 기운 탓인지 통곡의 미루나무와 같은 날 식재되었는데도 크기가 자그맣습니다.

사형장은 원형 그대로 보존되어 있습니다. 교수형은 외부와 철저히 격리된 채 집행되는데요. 내부로 들어가는 것은 금지되어 있지만 창문 너머로 보이는 교수대, 개폐식 마루판, 교수형 매듭의 밧줄, 가림판 뒤쪽에 있는 레버(마루판을 밑으로 내려 교수형을 집행하는 장치)는 교수형을 당하는 장면이 생생히 연상될 만큼 현실적으로 보입니다. 뒤편으로 돌아가면 매달린 시신을 수습하는 지하 공간이 있습니다. 이곳에서 시신은 돌계단을 통해 운구되어 사형장 담장 밖 가까이 있는 시구

사형장과 교수대, 그리고 형을 집행하는 레버

시체 출구(좌), 시구문(우)

문(굴로 이어지는)으로 빠져나가게 됩니다.

시구문은 시신을 인도할 유족이 없거나 고문의 흔적이 심하게 남아 있는 경우, 또는 사회적 파장이 일어날 우려가 있는 경우에 시신을 외부로 몰래 빼돌려 사형 집행을 은폐하기 위한 목적으로 뚫어놓은 것입니다. 일종의 비밀 통로지요.

시구문으로 빼돌린 시신은 건너편 안산으로 옮겨져 매장되었다고 합니다. 바깥으로 연결되는 굴의 길이는 약 200m지만 해방 직전에 일제가 굴을 붕괴시킵니다. 다행히 1992년 독립공원 조성 당시 약 40m가 복원됩니다.

시구문을 등지고 돌아서면 허물어진 붉은 벽돌의 옥사 터가 보이고 살짝 왼편으로 격벽장이 보입니다. 이 옥사 터 역시 방사형의 파놉티콘 구조로 되어 있습니다. 격벽장은 수감자들의 전용 운동장으로 사용된 건물입니다. 공간이 벽으로 나누어져 있어서 격벽장이라고 불리는데, 파놉티콘의 단순 축소판이라고 할 만합니다.

가운데의 높은 감시대와 부채꼴로 펼쳐진 격벽. 중앙의 감시자가 벽사이 수감자들을 한눈에 감시할 수 있는 구조로 되어 있습니다. 중앙

부채꼴 모양의 격벽장

감시대 위에 올라서면 이 격벽장이 옥사의 구조보다 더 분명하게 수감자들을 감시할 수 있는 축소된 장치임을 알 수 있습니다.

앞서 언급했듯이 이 구조는 근대 권력의 지배 기법을 상징하는데요. 지배 권력에 맞춰 규율화된 오늘날의 통제사회, 그 속에서 살아가는 우리의 모습과 구조적으로 다르지 않은 것 같습니다.

다음 동선은 국내 유일의 여옥사로 이어집니다. 여옥사는 형량이 확정되지 않은 여성 미결수와 사형 선고를 받은 여성 독립운동가를 별도로 가두기 위해 1918년 전후에 만들어지는데요. 유관순 같은 특별 수감자는 위쪽이 뚫려 있는 지하 감옥에 갇혀 24시간 감시당합니다. 원형은 1979년에 철거되지만 1987년 서울구치소가 의왕으로 이전할 당시 여옥사 터와 지하 공간이 발굴되고 복원됩니다. 1992년 보호각이 설치되고, 원 설계도면이 2009년 발견되어 2011년에 복원을 마칩니다. 그리고 2013년 4월 1일에 여성 독립운동가를 위한 기념관으로 개관됩니다.

전체 독립유공자의 약 1.7%만이 여성임을 고려할 때 여옥사의 개관은 대단히 큰 의미를 가집니다. 여성이 배제된 역사, 그리고 이들을 제

여옥사(좌), 여옥사 내부(우)

대로 기억하지 않는 우리의 역사에서 여성 독립운동가를 위한 기념관 개관은 실로 뜻깊은 일이 아닐 수 없습니다.

총 8개의 방으로 구성된 이 기념관에서는 유관순 열사가 갇혔던 8호 방을 복원하여 1920년 고문과 영양실조로 순국할 때까지의 모습을 전시하고 있습니다. 또한 우리에게 잘 알려지지 않은 여성 애국지사들, 예를 들면 세브란스 간호사였던 노순경, 수원 지역 기생 출신 김향화, 독립운동에 투신한 후 고문으로 순국한 버스안내원 고수복 등 숨겨져 있던 175명의 무명 여성 독립운동가들을 조명하고 있습니다. 이름 없이 희생된 여성 독립운동가의 숭고한 정신을 만날 수 있는 더 없이 소중한 곳입니다.

마지막 방은 사방이 거울로 이루어져 있습니다. 그 벽 위, 조명으로 불을 밝힌 여성 독립운동가들의 얼굴이 밤하늘의 별처럼 빛나고 있습

여옥사의 내부 마지막 감방

니다. 마지막 방의 전시계획은 그래서 더욱 빛이 납니다. 그들의 삶을 응시하고 기억하는 데 우리의 시선을 더욱 집중시켜야 함을 저 불빛은 강조하고 있습니다.

파괴된 원형을 복원하는 작업에서 과거와 현재의 균형감을 유지하는 것은 역사의 현장을 원형대로 유지하는 것만큼이나 중요합니다. 여옥사의 마지막 방에서 일부 원형을 유지하면서 여성 독립운동가의 얼굴을 조명으로 처리한 것은 단연 돋보이는 전시계획으로서, 현재와 과거를 균형 있게 조율하면서 현재적 감각을 잘 살려내고 있습니다. 저 벽 앞에 서니 오래전 밀라노에서의 기억이 문득 떠오릅니다.

박사 과정을 밟으며 국제대학원에서 건축설계를 지도할 때의 일입니다. 지도교수 오똘리니의 건축 복원 및 설계 스튜디오에서 석사 과정 중인 학생들을 지도했는데요. 이 수업의 주안점은 밀라노 외곽에 버려진 저택을 분석한 후에 그 건물이 갖는 의미와 사용 목적, 지역사회와의 관계 등을 고려하려 어떻게 복원할 것인가? 라는 것이었습니다.

당시 항상 논쟁거리가 된 것이 있습니다. 보존과 복원의 양적, 질적 비중에 관한 것이었습니다. '100% 보존' 혹은 '복원' 사이에서 줄타기를 해야 하는 학생들의 고민은 저에게도 동일했는데요. 이것은 나중에 저의 박사학위 논문에서도 다루어지게 됩니다.

결론은 이렇습니다. 논쟁에서 대체로 동의할 수 있었던 것은 "남겨진 형상에 현재의 상황(건축술, 과학기술, 시대정신, 개인적 취향 등)을 덧입혀 어제와 오늘 그리고 내일 사이에 균형감 있는 연속성이 드러날 수 있는 틀 안에서 자유롭게 설계하는 것"이었습니다. 요컨대, 연속성의 패러다임이라고 할 수 있겠지요.

그런 느낌이 이곳 여옥사에서도 비슷하게 느껴지는데요. 한국에서 보기 드물게 잘 된 디자인이라고 생각합니다. 무수히 많은 과거의 별들(여성 독립운동가)이 촘촘히 박힌 이 공간에 서서 현재의 자신과 미래의 제 모습을 발견할 기회를 꼭 얻기 바랍니다.

다음은 취사장·기관실·소독실 터가 복원되어 있는 건물입니다. 취사장은 수감자들의 밥을 짓기 위해 1923년에 세워지고 1937년 증축됩니다. 그리고 1988년에 철거되어 2010년에 복원됩니다. 취사장 공간 가득히 피어오르는 연기를 배출하기 위해 지붕마루에 배기구를 설치한 것이 제일 먼저 눈에 띕니다.

당시 사용하던 무쇠솥과 철제 취사물품들이 이곳에 보관되어 있습니다. 이 공간과 연결된 출구 쪽에는 바닥의 보일러 터와 연기를 빼는 연도, 물을 빼내는 집수정 등이 발굴되어 보존되어 있습니다.

바깥으로 나오면 빨간 옥사 건물과 이 건물 사이의 널찍한 공간, 높은 감시탑 그리고 이를 둘러치고 있는 제법 높고 긴 담장을 보게 됩니다. 당시 이 사이를 고개 숙인 채 지나다녔던 수감자의 모습이 보일 것만 같고, 억울하게 죽어간 독립투사의 혼령이 이 공간을 가득 채우고 있는 듯한 느낌이 들기도 합니다.

출구를 빠져나오니 넓은 공간을 가로지르는 담장이 보입니다. 담장 하나를 사이에 두고 일상의 삶과 압제된 삶이 나뉘는 공간, 민족의 저항과 수난이 집약된 현장, 민주주의가 독재에 의해 처참히 짓밟힌 공간…… 이곳에 깃든 고통의 역사가 눈앞의 실체로 다가오는 것을 느낍니다.

취사장·기관실·소독실 터
위에 복원된 건물

당시 사용하던 무쇠솥

복원된 건물 아래의
발굴 흔적들

빨간 벽돌의 높고 긴 담장과 차갑고 으스스한 분위기의 철제 출입문은 자유로운 삶의 공간과 억압적인 삶의 공간을 분리하고 있는 경계처럼 보입니다. 그러나 이 경계는 오히려 일상의 삶, 현재의 공간, 서울이라는 도시의 공간을 연결하고 있습니다. 경계는 어떤 존재의 차단을 뜻하기보다 오히려 그 존재 혹은 다른 존재의 시작을 암시하기 때문이지요. 다시 말하면 물리적인 도시의 공간뿐만 아니라 비물리적인 시간의 공간, 즉 과거의 공간과 현재의 공간을 연결하는 존재인 것입니다.

독립, 자유, 평화, 민주주의 정신을 기리는 교육의 현장으로 사용되고 있는 이곳은 서울의 서편에 남겨진 고통과 죽음의 공간이고, 도시가 가진 아픈 내력의 공간이며, 한국 근현대사의 비극이 새겨져 있는 현재의 공간임에 틀림없습니다. 이런 구체적인 역사의 공간은 과거와의 대화를 통해서 더 나은 현재의 삶과 미래의 삶을 그리는 데 결정적인 역할을 합니다. 그 시대를 살고 간 이의 기억, 역사적 사실로 존재하는 사건은 그 어떤 문자적 서술보다도 강력한 형태로 남아 우리를 가르치기 때문입니다. 나라 안팎에서 역사를 왜곡하려 드는 현 시점에서 이것이 던져주는 함의가 결코 작지 않을 것입니다.

▼

위치 서울특별시 서대문구 현저동 101 (서울특별시 서대문구 통일로 251)
   (02)360-8590~1
교통 지하철 : 3호선 독립문역 5번 출구
   버스 : 471, 701, 702, 703, 704, 720, 752(간선)
   7019, 7021, 7023, 7025, 7712, 7737(지선)
개관 3월~10월: 09:30~18:00, 11월~2월: 09:30~17:00
   매주 월요일 휴관(월요일이 공휴일인 경우 다음날 휴관)

서소문 순교성지

"복되어라, 의로움에 굶주리고 목마른 사람들! (마태오복음 5장 6절)"
_ 서소문 순교성지 현양탑 위 글귀

서소문 순교성지는 서소문공원 안에 있습니다. 이 공원은 새남터, 당고개(용산), 절두산(합정) 등과 함께 조선시대 궁궐의 서편에 자리하는 여러 행형지 중 하나인 서소문 밖 네거리에 위치합니다.

서소문은 사대문 중 서쪽의 돈의문과 남쪽의 숭례문 사이에 위치하는 사소문 중의 하나인데요. 조선 건국 초기(태조 5년. 1396)에 건립되어 '소덕문(속칭 서소문)'으로 불리다가 18세기 중엽 영조 때 소덕문 위에 망루를 세우면서 '소의문'으로 개칭됩니다.[21] 1914년 일제의 도시계획에 따라 근처 성곽과 함께 철거되면서 서소문이라는 이름만 남게됩니다. 현재 중앙일보사 맞은편 주차장 건물 담장에 '소덕문 터'라는 기념 표석이 놓여 있습니다.

서소문은 일반적인 통행로이기도 하지만 광희문(수구문)과 함께 도

"복되어라, 의로움에 굶주리고 목마른 사람들!"
(서소문 순교성지 현양탑)

소덕문 터 표석

성의 장례행렬이 통과하는 통로이기도 합니다. 즉, 시신이 성 밖으로 운반되는 시구문 역할을 하는 것이지요. 서소문 밖 일대는 조선 건국 초기에 참수형을 집행하던 공식적인 행형지인데요. 서쪽이 오래전부터 어둠과 죽음을 상징하는 방향이어서만은 아닙니다.

유교를 국시로 내세운 조선은 사서오경, 그중에서 『서경』의 가르침을 따라 서소문 밖 일대를 행형지로 정하게 됩니다. 이에 관한 분명한 언급은 태종에게 "사형장을 서소문 밖 성 밑 10리 양천 지방, 예전의 공암 북쪽으로 다시 정하소서"라고 아뢴 예조의 말에서 찾을 수 있습니다.[22]

서소문 밖 행형지는 한 군데로 추정하지 않는데요. 대체로 하천 주변이 여러모로 편리하다는 점을 고려해서 당시 만초(덩굴풀)가 무성했던 만초천변 모래사장이 유력하게 주목을 받습니다. 환경적으로 적절한 조건을 갖추고 있다고 보고 행형이 이루어진 곳 중의 하나로 여기는데, 일리가 있어 보입니다.

브라운스톤 맞은편 서소문공원

이것을 지지할 만한 다른 근거들이 있습니다. 2012년 12월 5일 서울역사박물관에서 한국교회사연구소가 주최한 '한국 천주교 문화유산 실태조사 및 활용방안 연구' 포럼에서 서소문 참형 터 위치가 현재 서울시 중구 의주로 2가 16-4 서소문 근린공원 안으로 밝혀지는데요(《평화신문》 2012. 12. 16. 1195호). 서소문 밖 네거리의 행형지는 만초천변, 현재의 브라운스톤 아파트 자리와 서소문공원 사이 일대로 확인되고 있습니다.

조선 중기 17~18세기에는 서소문 밖으로 마을이 형성되고 칠패시장(중구 봉래동에 위치한 조선시대 난전)이 만들어지면서 도성 주변으로 사람들의 왕래가 잦아지게 됩니다. 참형뿐 아니라 '효수경중(梟首警衆: 죄인의 목을 베어 높은 곳에 매달아 뭇사람을 경계하던 일)'에도 알맞은 곳이 되어 서소문 밖은 행형의 중심지가 됩니다.

그러나 19세기 중엽 이전의 참형 기록에는 대부분 '서소문 외西小門外'로 기록되어 있어서 정확한 행형지는 알 수 없습니다. 그래서 서소문공원만을 행형지로 볼 수는 없습니다. 또한, 사약을 내려 서소문 밖 민가에서 사사(예컨대 1613년 인목대비의 부친 김제남, 1694년 이의징, 1801년 궁중의 나인들)하는 경우도 있었기 때문에 어느 특정한 장소만을 행형지로 보기 어렵습니다.

하지만 17세기 광해군 때 당고개에서 처형된 죄인을 서소문 밖에서 다시 효수한 기록이 있고 18세기 영조 때도 당고개에서 처형된 목호룡의 머리를 서소문 밖에서 효수한 기록이 있는 것으로 보아, 서소문 밖 네거리에서 참수형이 집행되지 않았더라도 죄인의 수급이 이곳에서 효수된 것은 분명합니다. 그러므로 서소문 밖 일대는, 지금은 정확한 흔적을 찾기 힘들지만, 조선시대 공식적인 행형지로 역사적인 내력이 있는 곳이 틀림없습니다(조광, 「서소문 역사문화공원의 추진과 서소문 성지의 복원 방안」, 한국교회사연구소 연구포럼, 2012).

조선의 유학적 사고, 만초천변의 물리적인 자연 조건, 거주 공간과 시장 형성에 따른 사람들의 잦은 왕래는 서소문 밖 일대가 참형과 효수경중에 알맞은 곳이 된 이유로 꼽힙니다. 즉, 서소문 밖이 형장으로서 적당한 장소로 주목받은 이유는 복합적인 것임을 알 수 있습니다. 서쪽이라는 방향에 부여된 전통적 의미가 조선의 수도 한양의 서편을 죽음의 공간으로 인식하게 만들고 자연환경과 생활환경이 이를 용이하게 만들어, 이곳 서소문 밖 일대를 삶의 터전임과 동시에 죽음을 상징하는 공간으로 만들었습니다.

주검들 덧쌓였던 서울의 서쪽

조선 건국 이래 끊이지 않은 모반과 대역 그리고 정변에 의해, 때때로 많은 사람이 서소문 밖에서 억울하게 참형되거나 효수됩니다. 특히 19세기 들어 이곳 서소문 밖 네거리는 농민봉기를 일으킨 홍경래의 목이 효수되고(1811), 동학농민운동의 전봉준이 교수형에 처해지고(1895), 전주에서 참형된 김개남의 수급이 압송되어 효수된 곳이기도 합니다(1895). 뿐만 아니라 많은 천주교 신자들이 이곳에서 참형됩니다.

19세기 말 조선을 방문한 이사벨라 비숍(Isabella Bird Bishop, 1832~1904)은 죄인의 머리가 효수된 모습을 다음과 같이 묘사하고 있습니다.

마치 야영장에서 쓰는 주전자 대처럼 나무기둥 세 개로 얼기설기 받쳐놓은 구조물에, 다른 사람의 머리 하나가 그 아래로 늘어뜨려져 매달려 있었다. …그리 멀지 않은 곳에도 같은 구조물들이 많이 세워져 있었다. 그것들이 무게를 지탱할 수 없어 무너지게 되면 먼지 수북한 길바닥에 그냥 나뒹굴도록 내버려져 개들이 몰려와 물어뜯기에 안성맞춤이 되었다. (Bishop, 1994, 308면, "이날 서울에 효수된 사람은 김개남과 성재식"—역자)

종교를 가지는 것 자체로 죽임을 당했던 조선의 천주교인을 생각해보면 이곳은 19세기에서 20세기로 넘어오는 동안 신앙과 신념이 말살되는 한국 천주교의 비극이 서려 있는 역사의 현장임을 알 수 있습니다.[23] 달레 신부(Claude Charles Dallet, 1829~1878)는 서소문 밖 처형장에서 처형당한 순교자의 모습을 『한국 천주교회사』(1874)에서 아래와 같이 기술하고 있습니다.

정한 시간에 한가운데에 높이 여섯 자나 여섯 자 가웃 되는 십자가를 세운 수레를 감옥 앞에 끌고 온다. 사형집행인이 감방에 들어가 죄수를 어깨에 메어다가 양팔과 머리칼을 십자가에 잡아매고 발은 발판 위에 올려놓는다. 호송대가 매우 가파른 비탈이 시작되는 서소문에 이르렀을 때 사형집행인이 발판을 탁 빼내고 우차군이 소를 채찍질하면 소는 내리막길을 마구 달린다. 길은 울퉁불퉁하고 돌이 많으므로 수레는 무섭게 흔들리고 수형자는 머리칼과 팔만으로 매달려 있으므로 좌우로 급격히 흔들려 심한 고통을 받게 된다. 형장에 이르면 옷을 벗기고 사형집행인들은 그를 꿇어앉히고 그의 턱 밑에 나무토막을 받쳐놓고 목을 자른다.(Dallet, 1979, 114면)

서소문공원 염천교 쪽 진입로

서소문 역사공원 순교성지 안내 간판

이곳이 천주교의 역사 안으로 들어온 것은 신유박해(1801) 때 초기 천주교의 대표적 평신도 지도자들인 이승훈(베드로, 한국 최초의 세례자), 정약종(아우구스티노), 최창현(요한), 강완숙(골룸바) 등이 순교하면서부터입니다.

한국 교회 최초의 세례자인 이승훈은 이곳에서 "달은 떨어져도 하늘에 있고 물은 솟구쳐도 연못에서 다한다月落在天水上池盡"라고 신앙을 간증하면서 순교합니다. 그 외에도 서소문 밖 네거리에서 순교한 천주교인은 헤아릴 수 없을 만큼 많습니다. 새남터가 김대건(안드레아) 사제를 비롯한 성직자들의 순교 현장이었다면 이곳은 평신도들의 순교 터로 여겨집니다.

이후 기묘박해(1819), 기해박해(1839), 병인박해(1866)를 거치면서 순교자는 엄청난 수에 이르게 되고 이곳은 한국 천주교회 최대의 순교성지가 됩니다. 따라서 서소문 밖 형장은 서소문 순교성지로 강하게 인식됩니다.

하지만 1907년 일제에 의한 대한제국의 군대 해산에 반대한 군인들이 이곳에서 무장봉기를 일으켜 의병으로 활동한 점도 잊지 말아야 합니다. 이러한 내력을 살펴보면 최근 논란이 되고 있는 '천주교만을 위한 서소문 순교성지화'는 적절하지 않아 보입니다.

이와 관련한 움직임이 많습니다. 조선 후기의 변혁과 저항의 상징성을 강조하는 역사공원으로 꾸며져야 한다는 주장이 있습니다. 예컨대 「서소문공원, 천주교성지화 아닌 역사공원으로」라는 제목의 2015년 1월 22일자 〈한겨레〉 기사는 '서소문 역사바로세우기 범국민대책위원회'(위원장 정갑선) 주최로 열린 '서소문 밖 역사유적지 관광자원화 사업의 문제점과 개선방향' 토론회에서 채길순 교수가 발표한 "서소문 밖은 한국 최대의 천주교 순교 역사의 현장이라는 사실 외에도 조선 후기 변혁 과정에서 저항한 역사적 인물들이 처형된 장소이므로, 특정 종교의 이해를 좇기보다는 이 장소의 역사를 총체적으로 정리해 그에 걸맞은 역사공원으로 조성하는 것이 바람직하다"라는 주장을 싣고 있습니다.

20세기 들어 도시계획에 따라 서소문이 헐리고 서소문 밖 비탈진 언덕길 일대도 큰 변화를 맞습니다. 철도(경의선)가 놓이고 의주로와 서소문로가 서로 가로지르면서 서소문 밖 형장 터는 그 흔적을 찾아보기 힘들게 됩니다.[24] 더욱이 1977년 서소문공원을 조성하기 전까지는 경의선을 따라 수산시장이 형성되어 있었던 까닭에, 이 일대는 행형지로서 사람들에게 널리 기억되지 못합니다.

다행히 몇몇 천주교 신자들에 의해, 특히 이곳이 내려다보이는 인근의 약현언덕에 세워진 약현성당(사적 제252호)의 신부와 신자에 의해 기억되면서 현재의 모습으로 남겨지게 됩니다.[25]

그렇다고 서소문 순교성지로만 기억하는 것은 그 이전 혹은 천주교와는 관계없는 죽음의 역사를 외면하거나 무시하는 것으로 이해될 수 있습니다. 특정 종교가 순교의 영광을 내세워 이곳을 성지화하는 것은 다양한 죽음의 성격을 가진 땅의 내력을 덮는 격이 될 테니까요.

공동의 공간

우리 시대의 거리나 광장 그리고 공원은 모두의 것이며 특히 타자의 것, 서민의 것, 약자의 것, 권력에 저항하다 권력에 의해 희생된 자의 것입니다. 그들의 힘겨운 목소리가 터져 나오고 애도가 집중되고 때때로 축제가 열리는, 이를 통해 공공의 기억이 각인되는 공간이지요. 권력은 이러한 공공의 공간을 늘 자신들의 지배를 견고하게 유지하는데에 사용해오고 있는 바, 종교권력 또한 이를 답습하고 있지 않은지되돌아볼 필요가 있습니다.

하나의 강력한 기억이 나머지 기억들을 덮거나 훼손해서는 안 됩니다. 마찬가지로, 어느 특정한 종교나 단체가 약한 세력 혹은 작은 규모의 종교나 단체에 폭력적이어서는 안 될 것입니다.

모두를 위해 열린 이곳에는 우리의 삶에 유익하게 작용할 수 있는 공간적 가치가 충분히 담겨야 할 것입니다. 앞에서 언급했듯이, 공동체를 위한 공적 공간은 삶의 질을 형성하고 평가하는 데 가장 중요한 근거가 됩니다. 집 근처에 산책할 수 있고 누군가를 만날 수 있으며 담소를 즐길 수 있는 공원이 있다면, 그곳은 그렇지 못한 곳보다 훨씬 거주하기에 좋은 곳이 될 것입니다. 실제로 한 도시의 삶을 평가하는 데 이러한 공적인 공간이 중요한 준거가 되고 있습니다.

거주의 질을 높이는 것은 공동체 전체를 위한 가치가 공간에 담기도록 디자인하는 것을 의미합니다. 결국 삶의 수준을 높이는 것이지요. 그러므로 이러한 공원, 즉 도시 내부의 공간을 디자인하는 것은 삶의 가치를 향상시키는 중요한 행위, 다시 말해서 실제 도시의 한 부분을 만드는 '도시의 건축이 됩니다. 이것은 새로운 매력의 덩어리를 더하여 도시를 더욱 아름답게 만드는 데 기여하는 것이겠지요.

독립공원 내 서대문형무소역사관과 서소문공원 내 순교성지는 고통스러웠던 역사의 기억이 펼쳐지고 있는 공동의 공간입니다. 집단의 고통이 발생한, 그리고 공동체의 아픔이 서린 현장을 어느 특정한 기억으로만 제한하여 남기거나 기념하는 것은 온당치 않습니다. 이곳에서 일어난 다양한 사실들을 묶어 여러 겹의 결이 나타나는 역사적인 땅이 되게 해야 합니다. 이를 통해 이곳이 고통과 기억이 공간화된 도시의 일부로서 우리 모두에게 의미심장한 공간으로 남겨져야 하며, 우리가 살아가고 있는 도시의 삶에 유익하게 작용해야 합니다.

지우지 말아야 할 역사의 문양

염천교와 경의선 철로를 따라 형성되어 있던 수산시장이 1977년 서소문공원으로 조성된 이후, 1984년 12월 22일 한국 천주교 창립 200주년 기념사업으로 이 공원 내에 천주교 순교자를 위한 기념비가 임송자(리타, 전 중앙대 조소과 교수)의 설계로 세워집니다. 시간이 지나면서 훼손이 심해지자 1997년 서소문공원이 새로 단장하는 시기에 맞춰 이 기념비를 약현성당 내 기도동산으로 옮기고, 현양탑과 현양비 건립을 추진하게 됩니다. 새로이 제작된 '서소문 밖 순교자 현양탑'은 1999년 5월 성령강림 대축일에 현재의 자리에 세워집니다.

현양탑은 "복되어라, 의로움에 목마르고 굶주린 이들!"(마태오복음 5장 6절)이라는 주제로 만들어지는데요. 1997년 4월, 신부 조광호(화가, 가톨릭 조형예술연구소 대표)와 건축가 임근배 그리고 설치작가 전종철이 3년에 걸친 협업 끝에 현양탑을 완성합니다.

공원 지하 재활용처리장 위쪽 53평 대지에 세워진 현양탑엔 분수를 작동하기 위한 급·배수 설비와 조명 설비가 갖춰져 있습니다. 현양탑 아래 60여 평의 지하 공간은 지상의 시설물을 관리하기 위한 창고로 사용되고 있습니다.

서소문 순교성지 현양탑

현양탑 뒷면, 좌측의 예수와 우측의 나사로.
가운데엔 "나는 부활이요 생명입니다. 나를 믿는 사람은 죽더라도 살 것입니다.
또 살아서 믿는 사람은 영원히 죽지 않을 것입니다.
요한복음 11장 25~26절"이 새겨져 있습니다.

현양탑은 가운데 주탑과 좌우 두 개의 탑으로 구성되어 있습니다. 화강암으로 된 이 탑은 조선시대의 죄인에게 씌웠던 대표적 형틀인 칼의 형상을 하고 있습니다. 이것이 의미하는 것은 천주교인의 죽음과 박해입니다.

원형 형틀에서 흘러내리는 일곱 개의 금빛 선은 천주교의 7대 성사(聖事: 세례성사, 견진성사, 성체성사, 고해성사, 혼인성사, 신품성사, 병자성사)를 상징합니다. 가운데 탑 중앙에는 순교의 참상을 십자가에서 내려지는 모습으로 형상화한 청동조각이 있고, 오른쪽 탑에는 27위 복자와 30위 순교자 이름이 기록되어 있습니다. 왼쪽 탑에는 순교한 44위 성인의 이름이 새겨져 있습니다. 세 개의 탑은 아래의 분수에 잠기는데 조약돌이 바닥에 깔려 있습니다. 이것은 이름 없이 순교한 많은 순교자들을 의미합니다.

현양탑 뒷면에는 예수의 모습과 나사로의 부활 장면이 부조로 새겨져 있는데요. 예수가 나사로에게 일어나라고 하는 장면입니다. 순교자의 부활을 의미하는 것이지요.

2008년 4월 18일, 현양탑 앞에 상설 제대가 설치되면서 매해 9월 순교자 대축일이면 이 현양탑 앞에서 '서소문 순교자 현양 미사'가 봉헌됩니다. 또한 2010년 3월부터 매주 금요일 10시에 순교자를 기억하는 성지 미사가 현양탑 앞 광장에서 봉헌됩니다. 2011년 2월에는 현양탑 옆에 서소문 성지 안내소가 설치되고 안내 봉사자가 배치되어 순례자의 순례를 돕고 성지를 보호하고 있습니다.

공원 한쪽에 마련된 현양탑과 현양비는 전체 공원을 압도하지 않으면서 순교자들의 행적을 애도하고 추모하며 기억하고 있습니다. 공원의 나머지 구역에는 다양한 조각, 나무, 산책로, 분수대, 정자 등이 어우려져 주변의 주민과 회사원 그리고 순례를 위해 찾는 천주교 신자와 추모객의 좋은 휴식처가 되어주고 있습니다. 공동체를 위해 열려있는 장소로서 도시 공간의 공적인 성격을 잘 보여줍니다. 하지만 그밖에도 윤관 장군 동상과 시계탑 등이 일관되지 않게 혼재되어 있어 다소 정리되지 않은 공간으로 보입니다.

현재 서소문공원의 법적 지위는 '근린공원'입니다. 1만 7,340㎡(5,250평)에 국유지와 구유지로 구성되어 있는데요. 구유지는 중구가 소유권을 가지고 있고 국유지는 국세청, 기획재정부, 국토해양부로 소유권이 제각각인 상태입니다. 공원 내부가 전체적으로 정리되지 않고 있는 이유 중 하나가 이것이 아닌가 생각됩니다.

또한, 천주교의 입장에서는 거룩한 장소이고 한국의 근대사에서는 중요한 장소인데 1996년 지하 4층 규모의 공영주차장이, 1999년엔 지하 3층 규모의 재활용처리장이, 2002년엔 지하 1층에 서소문 꽃 도매시장이 들어서게 되면서 이곳의 장소성이 많이 희석된 듯 보입니다.

도시가 역사를 기록한 텍스트라고 한다면 서울의 서쪽은 다양한 종류의 죽음이 기록된 땅, 역사의 문양이 나타나는 지역입니다. 서대문 형무소역사관과 서소문 순교성지(공원)에서 살펴보았듯이, 과거 고통의 현장이 도시 공간의 성격을 말해주기도 하고 우리의 모습을 보여주기도 합니다. 지난 역사의 이야기를 들려주기도 하며 때때로 교훈을 주기도 합니다. 도시의 공간에는 그만큼 많은 것이 담겨 있습니다.

이를 무시한 채 구 시가지를 흔적 없이 지우고 새로운 것을 지었던 일제의 도시계획, 그리고 그것과 별반 다르지 않은 우리의 도시계획은 역사적 흐름이 단절된 텍스트만을 남겨놓았습니다. 도시가 쉽게 읽히지 않는 이유겠지요. 이전의 것을 어떻게든 없애고 새롭게 만들려고 하는 우리의 어리석음이 아닐런지요. 서대문형무소역사관에서도 보았듯이, 이는 단지 땅에만 국한된 것은 아닙니다. 기억이 사라져 구멍이 숭숭한 역사는 곧 우리의 현재 모습입니다.

무수히 많은 기억들이 내재한 땅의 내력을 덮고 힘과 자본의 논리로 새로운 것만을 추구하려는 욕망은 과거와의 상관관계를 잃어버린 현재의 서울, 혹은 한국의 민낯을 드러냅니다. 서소문공원 지하의 재활용처리장과 꽃 도매시장은 그것을 여실히 보여주고 있습니다.

새로움의 가치가 낡고 오래된 것의 가치보다 항상 좋은 것만은 아닙니다. 낡은 것 안에 새로움이 있고, 새로움은 그것으로부터 나오게 마련입니다. 어떤 분야에서든 마찬가지일 것입니다. 과거의 역사가 현재의 우리에게 던져주는 함의는 결코 적지 않습니다. 과거에 대한 반성과 성찰은 현재 우리가 나아갈 방향을 보여주니까요.

도시 공간은 삶의 역사가 기록되기도 하고, 지워지기도 하며, 삭제되기도 하는 곳입니다. 다양한 역사가 담긴 터 위에 대표적인 하나의 기억만을 공간화한다면, 예를 들어 서소문공원을 천주교만을 위한 순교성지로 만든다면 도시 공간에 담긴 역사의 내용은 축소되고 역사의 문양은 단순해집니다. 기억되지 못하는 죽음은 역사에서 영원히 사라지겠지요.

긴 시간의 흐름 속에서 화재나 전쟁 또는 무관심으로 역사가 지워지더라도, 과거와 현재 그리고 미래를 고려한 시공간적인 관계 속에서 우리는 그것을 복원하고 균형감 있게 발전시켜 나갈 수 있습니다. 그것은 우리의 이야기, 역사, 삶, 의식 등을 보여줌으로써 현재의 삶을 더 가치 있고 의미 있게 하고 풍요롭게 만들 수 있는 중요한 작업입니다. 잊지 말아야 할 점은, 도시의 공간은 공적 영역으로서 공동체를 위한 목적이 항상 선행되어야 한다는 것이겠지요.

▼

위치 서울특별시 중구 칠패로 5 (서울특별시 중구 의주로 2가 16)
교통 지하철 : 2, 5호선 충정로역 4번 출구, 1, 4호선 서울역 2번 출구
　　　버스 : 172, 472, 603(간선)
　　　7011, 7013A, 7013B, 7017(지선)

서대문형무소역사관과 서소문 순교성지에 대하여

|기억과 고통 그리고 반복의 역사|

— 상상을 초월하는 폭력과 잔인함에 새삼 놀랐습니다. 인간이란 어디까지 잔인해질 수 있는 것일까요?

·**김명식**· 누군가는 일본의 잔혹성이 담긴 하나의 구체적 공간으로 서대문형무소역사관을 떠올리겠지만, 사실 이 공간은 일본의 잔인함 그 자체를 상징적으로 나타냅니다. 문제는 해방 이후 어떠한 조치도 없이 아무렇지 않게 이곳을 1987년까지 대한민국이 사용했다는 점이지요.

— 지금까지 기억의 공간을 방문하면서 알게 된 점은 이곳에서 자행되었던 고문의 방식이 남영동 대공분실, 남산의 안기부, 보안사 서빙고호텔 등에서 상당수 재현되었다는 것입니다.

— 기억하지 않는 역사는 되풀이됩니다. 아니, 기억해도 되풀이되는 게 현실입니다. 우리는 어떻게 이런 일이 일어나지 않도록 할 수 있을까요? 어떻게 하면 이런 잔혹한 행위를 반복하지 않을까요? 인간의 내면에 있는 폭력성을 어떻게 극복할 수 있을까요? 이러한 물음이 필요해 보입니다. 이 땅에 이런 역사가 반복되지 않으리라는 확신이 없기 때문입니다.

— 어떤 특정한 민족이나 국가에서 그 잔혹성을 찾기보다는 모더니즘, 탈
인간화, 자본주의, 인간소외, 공감 결핍 등 좀 더 사회적인 이데올로기나 현
상으로 시야를 넓히는 것이 필요하지 않을까 하는 생각이 들어요.

|기억되는 고통과 의식의 성장|

— 우리의 삶의 목적은 행복을 추구하는 것이라고 생각합니다. 그렇다면,
고통을 기억하고 상기한다는 것은 행복 추구에 반하는 것 같은데요. 앞서
남영동 대공분실을 안내해주셨던 분의 "고통스러운 기억은 빨리 잊는 것이
좋지 않을까요?"라는 말이 그런 측면인 것 같습니다. 그럼에도 불구하고 어
째서 우리는 고통스러운 기억을 잊지 않으려고 할까요?

— 앞에서 나누었던 이야기 속에 실마리가 있는 것 같아요. 망각에서 비롯
되는 반복! 살다 보면 분명히 기억하는데도 반복되는 것들을 많이 목격하
게 되는데요. 그럴수록 더욱 강력하게 기억해야 할 것 같습니다. 다른 한편
으로는, 더욱 넓은 범위에서 행복을 생각할 필요가 있는 것 같습니다. 타인
의 고통에 공감하면서 세계에 대한 인식을 확장할 수 있어야 하고, 이를 통
해서 자폐적인 나르시시즘에서 벗어나 더욱 성장할 수 있어야 하겠지요.
이런 성장이야말로 우리로 하여금 더 깊은 행복감을 갖게 만들지 않을까
요? 그리고 고통을 선명하게 기억하면 타인을 대하는 태도, 고통을 대하는
태도가 바뀐다고 생각합니다. 종교에서 이것을 '초월성'이라고 부르며 종교
의 기초로 삼고 있는 것처럼요.

— 거기에 더해서 '예술이 잔인한 과거를 어떻게 다루어야 하는가?'라는 물음에도 해명이 필요해 보입니다. 예술가는 직접적인 묘사를 할 수도 있고 상징적인 방식을 통해 에둘러 갈 수도 있을 겁니다. 사람들로 하여금 즉각적인 감정을 촉발시킬 수도 있고, 능동적인 노력을 통해서만 자신의 의도에 접근할 수 있도록 수수께끼를 심어놓을 수도 있을 것 같아요. 잔인한 현실을 다룸에 있어서 예술은 어떤 표현 방식을 선택할 것인가? 앞으로 많은 토론이 필요한 주제인 것 같아요.

| 대표자의 역사와 중심주의 |

— 서대문 순교성지에서 느꼈는데, 수많은 죽음이 자리한 땅의 이력을 치부로 여기고 순교의 거룩함만을 부각하려는 것은 죽음이라는 어둠의 풍경이 자리한 곳에 깃발을 꽂으려는 시도 같습니다. 천주교를 물리적인 장소에 박아놓는 것이죠. 그래서 천주교가 그 장소 안에 좀 더 확실하게 존재한다면, 우리가 생각하는 천주교도 그 장소와 함께 더 확실히 존재할 수 있을 테니까요.

혹시 이것이 우리의 야만을 더 새기는 것은 아닌가 생각했습니다. 콜럼버스처럼요. '신대륙' 발견 후 원래 거주하던 원주민들이 거의 모두 살해되었던 것처럼 말이지요. 꽂혀 있는 깃발, 다시 말해서 기념비를 보면 그 내용과 의미를 볼 수밖에 없고, 결국 그에 해당하는 역사와 기억을 생각하지 않을 수 없겠지요. 다른 것들은 다 사라지고요.

바람직하고 올바른 기억의 방법은 무엇일까요? 떠나는 연인의 머리카락을 얻거나 반쪽 반지를 얻는 것처럼 뭔가를 통해 잃어버린 것을 기억할 방법은 없을까요?

— 서대문형무소의 절반이 80년대에 철거되고 유물의 가치가 있는 벽돌을 재활용 업자들에게 팔아넘겼다는 이야기를 들었습니다. 역사에 대한, 공공성에 대한 우리 사회의 의식이 얼마나 얕은지 알 것 같습니다. 공공성은 공통의 역사를 뿌리로 해서 자라나는데, 우리 사회 전반을 지배하는 망각의 권력은 이를 철저히 망가뜨리고 있지 않나 생각합니다. 서대문형무소와 함께 기억이 무너졌고, 역사가 무너지자 공공성이 무너졌습니다. 고궁 앞에 고층 빌딩과 호텔이 들어서고 그린벨트는 해제되며 마을의 공원은 없어지고 있습니다. 공공성의 회복을 위해서라도 기억의 공간이 더 많이 만들어져야 할 것 같습니다.

— 지금까지 남영동 대공분실, 전쟁과여성인권박물관, 서대문형무소역사관, 서소문 순교성지를 둘러봤는데요. 고통스러운 사건의 현장이 사회적인 합의보다는 권력에 의해 수정, 변형되고 다소 가공된다는 생각이 들어요.

— 서대문형무소역사관을 방문하면서, 이곳에서 고통받았던 수많은 사람들 중 대표적인 몇몇 유명인사를 중심으로 기록되고 주목받는다는 느낌을 받았습니다. 여성 수감자들의 옥사를 허물어버린 것도 그렇고요. 많은 여성 독립운동가가 있었으나 유관순을 제외한 나머지 분들은 잘 드러나지 않아요. 역사관 측에서 다른 이들의 행적에 대해 알리고 전시하려는 의지가 부족하지 않은가 하는 느낌을 받았습니다.

— 여기에도 중심주의가 작동하는 것 같습니다.

— 지금까지의 강좌에 참여해오면서, 기억과 관련된 문제에서 중요한 것과 그렇지 않은 것으로 중심부와 주변부의 영역이 나뉘어 있다는 느낌을 받았습니다. 고통의 정도가 다를 수는 있으나 그 크기를 어떻게 정량화할 수 있는지, 누구는 기록으로 남겨지고 누구는 이름 없이 기념되는지, 이러한 문제 말이지요. 이런 것은 복수의 개인들이 겪었던 고통을 단수의 개인이 겪었던 고통 속으로, 대표자를 중심으로 한 기억으로 밀어 넣는 작업처럼 느껴집니다.

현대 교회의 '긍정성 과잉'

— 한국의 교회는 영광스러운 역사만을 말하고 오점에 대해서는 말하지 않는 것 같습니다. 고통스러운 현실에 대한 인식, 역사에 대한 인식, 고통받는 자들과의 연대 등에 미온적이면서 자기 종교만을 지나치게 내세우는 것 같아요. 서소문 순교성지를 돌아보면서, 개신교뿐 아니라 가톨릭도 다르지 않다는 생각을 했는데요. 자기 종교를 과시하고 우월성을 강조하는 데 사력을 다하는 것 같습니다. 그러나 초기 교회공동체는 고통스러운 현실을 똑바로 바라보며 약한 자, 소외된 자, 고통받는 자를 위로하고 아픔을 함께 나누었습니다. 현재 우리의 모습은 어떤가요?

— 이런 모습 아닌가요? 남영동 직원이 말한 "나쁜 기억은 빨리 잊는 게 좋지 않을까요?" 경동교회의 수직적, 위계적 구조를 드러낸 "단상에서 내려오세요!" 서대문에서 발견한 '대표자의 역사', 서소문에서 목격한 자기 종교 중심주의……. 이 모든 것들은 다른 듯 서로 연결되어 있는 것으로 보입니다.

·**김명식**· 마지막으로 서대문형무소역사관에서 봤던 파놉티콘 구조를 언급하면서 이번 강좌와 대화 모임을 마무리하겠습니다. 감시자는 수감자를 볼 수 있으나 수감자는 감시자를 볼 수 없는 구조가 여기에 응용되었습니다. 중요한 것은, 이러한 감시 과정을 거치면서 수감자는 감시자가 자신을 실제로 감시하는지 여부를 떠나 늘 감시당하고 있다는 생각을 스스로 하게 되면서 자기 검열을 내면화한다는 점입니다. 그래서 감옥의 구조는 효율적 감시 체계인 일망감시의 형태를 취하게 되는 것 같습니다.

동일한 메커니즘이 우리 사회에도 적용되고 있고, 그 현상은 아주 구체적인 형태로 나타납니다. 네트워크 정보화 시대에 누군가 우리의 전화번호와 주민등록번호 같은 정보를 손에 넣고 이메일을 훔쳐보는 상황은 '누군가 우리를 감시하고 있지 않은가?'라는 불안과 의문을 갖게 하기에 충분합니다. 이미 이명박 정부 때 민간인 사찰이 있었지요? 이런 불안함과 현실에서 나타나는 일련의 사건들을 경험하면서, 푸코가 예견했듯 권력의 새로운 지배 기술 혹은 수단을 우리 스스로 내면화하고 스스로를 통제하는 사회가 된 것은 아닌지 씁쓸해집니다.

▼

4장
도시의 건축: 사회적 고통과 기억의 공간

—

'유럽의 학살된 유대인을 위한 기념비'를 이해하고, 세월호의 아픔을 기억하기 위한 추모공간을 돌아봅니다. 우리의 마지막 여정은 '아름다움의 요소를 다루는 예술의 형태가 잔인했던 역사의 한 장면을 재현할 수 있는가?' 그리고 '예술의 형태로 등장하는 건축이 사회적 고통을 기억의 공간으로 형태화할 수 있는가?'라는 근본적인 물음을 던지며 마무리됩니다. 한국의 사회적 고통 속에서 개인과 공동체적 삶의 의미를 찾기 위해, 함께 고통의 비를 맞으며 동행할 수 있는 방법을 생각해보는 소중한 기회가 될 것입니다.

—

유럽의 학살된 유대인을 위한 기념비 |독일 베를린|

세월호 추모공간 |서울시청 옆 서울도서관3층|

유럽의 학살된 유대인을 위한 기념비

"그것은 발생했다. 그러므로 다시 발생할 수 있다."
_ 프리모 레비(Primo Levi, 1919~1987)

'유럽의 학살된 유대인을 위한 기념비(Denkmal für die ermordeten Juden Europas)'는 2005년 미국의 걸출한 건축가 피터 아이젠만(Peter Eisenman, 1942~)에 의해 지어집니다. 이 기념비는 1988년 시민의 발기로부터 시작되어 15년에 걸쳐 완공되는데요. 정확히는 1988년 8월 24일 독일 역사학자 에버하르트 예켈(Eberhard Jäckel, 1929~)과 독일 저널리스트 레아 로쉬(Lea Rosh, 1936~)가 베를린 포츠담 광장 인근 Prince-Albrecht 지역의 미래를 결정하기 위한 공개 강연에서 유럽의 유대인 학살을 기억하기 위한 '명료한 시각적 상징'을 제안하면서부터 시작됩니다. 이것은 대중과 정치권 사이에서 공감을 불러일으키지만 동시에 또 다른 대중과 전문가들로부터 부정적인 반응을 가져옵니다 (Foundation Memorial to the Murdered Jews of Europe (ed.), 2010, 9면).

문제는 이것이, 전 베를린 예술아카데미 원장이자 '유럽의 학살된 유대인을 위한 기념비' 국제공모전(1994) 심사위원장이었던 발터 옌스 (Walter Jens, 1923~2013)의 "호러 중의 호러는 기념비적인 예술의 형태를 통해 이해될 수 없다"라는 말처럼, '예술의 형태가 잔인한 기억에 대한 예술적 기념비로 재현될 수 있다 / 없다'라는 논쟁과 이후의 예술 담론에 큰 영향을 끼치게 된다는 점입니다(Foundation Memorial to the Murdered Jews of Europe, 2009, 38면).

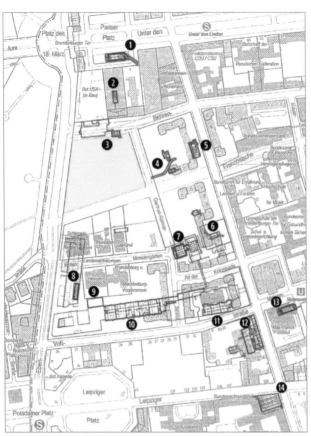

기념비 위치(히틀러가 사용한 옛 지하 벙커가 밀집해 있는 지역, 하늘색 부분)
Foundation Memorial to the Murdered Jews of Europe, 2009, p.18

치열한 논쟁을 거치면서 최초의 제안은 잊히는 듯했으나, 1989년 베를린장벽이 무너지고 동독과 서독이 통일된 후 새롭게 형성된 시민단체의 발기로 기념비 사업이 재점화됩니다.

처음에 논의되었던 포츠담 광장 인근의 부지가 다른 단체의 전시관(Topography of Terror) 부지와 겹치면서, 나치의 심장부인 브란덴부르크 개선문과 전 수상관저(Reich Chancellery) 사이에 위치한 새로운 장소가 1990년 봄에 기념비 부지로 선정됩니다(Lea Rosh, 1990, 6면 그리고 Foundation…, 2009, 15면). 이곳은 국가 소유의 공원으로 일반인의 출입이 허락되지 않는, 우리나라로 치면 창덕궁의 후원(금원)과 같은 '티어가르텐(Tiergarten)'의 가장자리 72와 73구역 사이에 위치합니다.

1961년 베를린장벽이 세워지는 동안 이 공원은 사라집니다. 이후 베를린장벽의 건설과 함께 기념비 부지는 "죽음의 좁고 긴 땅"의 일부가 되고, 1989~1990년 사이 이 장벽이 붕괴되면서 또다시 버려진 땅이 됩니다. 면적은 약 19,000㎡입니다.

1994년, 기념비 건립을 위한 설계안 공모에서 528개의 작품이 출품됩니다. 하지만 모두 무산되고 1996년 새로운 설계안을 공모합니다. 1997년 11월, 건축가 피터 아이젠만과 설치미술가 리처드 세라(Richard Serra, 1939~)가 공동으로 작업한 설계안이 최종 우승작으로 선정됩니다. 독일 의회는 아이젠만이 제안한 기념비를 채택하고, 지하 전시공간(정보센터)의 추가 디자인과 함께 기념비 건설을 인가합니다. 이후 리처드 세라가 개인적인 이유로 더 이상 참여하지 않으면서 이 프로젝트는 아이젠만의 주도로 계속 진행됩니다.

2003년 4월 기념비가 착공되고 2004년 7월 12일 지하 전시공간인 정보센터의 상량식이 거행됩니다. 그리고 2004년 12월 5일, 지상의 마

공모전 출품작들
1 츠비 헤커(Zvi Hecker)의 'Pages of a Book'
2 다니 카라반(Dani Karavan)의 'Yellow Flowers'
3 요헨 게르츠(Jochen Gerz)의 'Why(why it happened?)'
4 다니엘 리베스킨트(Daniel Libeskind)의 'Stein-Atem(Breath of Stone)'
5 루돌프 헤르츠(Rudolf Herz)와 라인하르트 마츠(Reinhard Matz)의
　'Mahnmal für die ermordeten Juden Europas'
6 한스 홀라인(Hans Hollein)의 'Auschwitz'
Domus, n. 808, ottobre 1998: pp.98-102

지막 묘비가 세워지면서 마침내 기념비가 완공됩니다. 이 기념비는 2005년 5월 10일 V-E Day(Victory in Europe Day) 60주년 기념행사의 일부로 개관되고, 이틀 후 제2차 세계대전 종전 60주년이 되는 날 대중에게 개방됩니다.

건축은 기억의 작업이다

약 600만 명의 유대인 희생자에게 헌정되는 기념비 건설은 가해자인 독일의 국가사회주의자들과 그들로부터 박해받은 피해자들 간의 화해를 위한 시도 중 하나입니다. 이 기념비는 홀로코스트의 잔인했던 역사(인종차별, 학대, 박해, 추방, 몰살)를 분명하게 재현하고 있습니다. 이는 독일의 끔찍한 범죄의 기억을 유지시키는 것이고, 그것을 독일 역사 속에 단단히 고정시켜 뿌리내리게 하는 것입니다(Foundation…, 2009, 32면).

이것의 함의는 단순히 독일 역사상 가장 끔찍하고 잔인했던 범죄의

피터 아이젠만과 리차드 세라의 '기억의 장(Field of Memory)'
Casabella, n. 735, luglio-agosto, 2005: p.12

기억을 살려내고 다음 세대에게 경고를 보내는 데서 그치지 않습니다. 민주주의 헌법체제를 수호하는 것, 모든 사람이 법 앞에 동등함을 보장하는 것, 모든 형태의 폭압적 독재에 저항하는 것, 인간의 존엄과 권리 보호를 위해 노력하는 것 등을 두루 포괄합니다.

하지만 "어떠한 미적 형태도 끔찍했던 과거의 기억을 재현할 수 없다"거나 "그것에 적합한 미적 형태를 찾는 것 자체가 불가능하다"라는 문제제기에 대한 해답을 아름다움을 추구하는 예술의 영역에서 찾기란 쉽지 않고, 설령 그게 가능하더라도 잔인함에 대한 예술적 표현은 실현되기 힘든 것이 분명합니다. "소름끼치는 기억에 대한 어떠한 미적 표현이 희생자들의 유가족이나 친척 그리고 가해자들을 만족시킬 수 있을까?"라는 의구심 역시 해소하기 쉽지 않은 문제로 남아 있습니다.

1998년 프랑크푸르트 도서전 평화상을 수상한 바 있는 독일의 유명한 소설가 마르틴 발저(Martin Walser, 1927~)는 이것을 두고 "악행을 기념하는 것"이라고 말합니다. 이 기념비가 반유대주의를 다시 불러일으킬 수도 있다는 점에서 그 역시 기념비를 세우는 데 부정적이었음을 알 수 있습니다(Rauterberg, 2005). 이와 같은 여러 문제점과 쟁점에도 불구하고, 추모를 위한 거대한 공간은 홀로코스트의 기억을 담으며 독일의 수도 베를린 심장부에 만들어집니다.

여기 또 다른 중요한 문제가 있는데요. 건축은 땅에 부착된다는 점에서, 장소의 중요성이 배제되어서는 안 된다는 것입니다. 이 기념비의 경우, 장소성과 공간의 형태보다는 오히려 기억과 역사라고 하는 시간의 형태를 만들어내는 데 궁극적인 목표가 있기 때문에(Rauterberg, 2005, 아이젠만의 인용구) 부지의 특성이나 한계를 극복할 수 있습니다. 또한, 가해국의 심장부(바로 가까이에 히틀러가 사용하던 지하 벙커가 있음)

에 피해자를 위한 기념비가 위치하는 그 자체로 그 터에 부합하는 의미가 있다는 점에서, 장소에 부착된 미적 요소의 형태를 넘어설 수 있게 됩니다.

장소와 관련하여 이 기념비의 건축적인 의미는 아이젠만이 말하고 있는 것처럼, 그것의 미적인 형태보다는 베를린 시내에 존재하는 기념비들 간의 관계에 놓여 있다고 할 수 있습니다.

> 무심한 관찰자에게는 기념비를 구성하는 콘크리트 기둥들의 넓은 부지가 건축이라고 불리든 예술작품이라고 불리든 중요하지 않습니다. 이 작업에서 중요한 것은 그 터의 특수성과 함께 건축으로서 중요한 상징적 의미를 제공하는 것이 아니라, 순환의 개념에 대한 기념비들의 관계입니다.(Rauterberg, 2005)

여기서 '순환의 개념'은 베를린 시내에 세워진 여러 기념비들 사이의 관계를 말합니다.

> 사실상, 이 프로젝트의 상징적인 반향은 다른 예술 형태들과는 반대로 건축에 적합한 방식의 하나의 자료로서 땅의 변위에 놓여 있습니다. …조각과 건축의 중요한 차이 중 하나는 분명히 땅의 특성에 관한 문제입니다. 전통적으로 이러한 차이는 분명하지요. 건축은 항상 특정한 대지, 닫힌 공간 그리고 중력에 따른 구조적인 필요성을 요구하지만 조각은 결국 움직일 수 있습니다.(같은 책)

그래서 이 기념비는 "일반적으로 현대예술에 대한 회의와 특별하게는 기념비의 개념" 그리고 주변의 관계에 영향을 받은 것으로 이해됩니다(Foundation…, 2009, 14면).

곧 자세히 설명하겠지만, 이 건축은 궁극적으로 건물 내부의 닫힌 영역뿐만 아니라 도시 공간의 열린 영역에서의 가치를 동시에 획득하고 있습니다. 앞서 '도시의 공간과 건축에 대하여'에서 얘기했듯이, "건물의 모든 요소가 내부의 공간과 외부의 공간 사이에서 더 이상 적합할 수 없을 만큼 그 구성에 맞게 배치되고 모든 요소와 재료가 있어야 할 곳에 있는 결과물(building art)"로서 '도시의 건축(urban public art)'이 되는 가장 적합한 예로 볼 수 있습니다.

이탈리아 화가이자 조각가인 알베르토 부리(Alberto Burri, 1915~1995)

알베르토 부리가 만든 그란데 크레또의 풍경 ⓒM. Bassanelli (2010)

그란데 크레또 위성사진. 구글맵

가 만든 '그란데 크레또(Grande Cretto, 1980년대)'에서도 아이젠만의 기념비와 유사성을 찾을 수 있습니다. 이것은 1968년 시칠리아의 한 마을에 발생한 지진의 희생자들을 위한 것인데요. 당시의 재앙을 미적 형태로 표현함으로써 희생자를 애도하고 있습니다.

그는 지진에 의해 파괴되고 버려진 마을을 1.5m 높이의 거대한 콘크리트 블록으로 만듦으로써 끔찍한 기억을 물질화하는데요. 어쩌면 그것은 희생자들을 위한 거대한 무덤으로 여겨질 수도 있습니다. 하지만 이곳을 걷는 누군가는 분명히 그 마을 사람들의 죽음과 마을의 죽음에 대한 거대한 묘석 혹은 묘비로 느낄 수 있을 것입니다. 마치 기억의 풍경 속을 걷고 있는 듯한 경험을 제공하는 이곳은, 삶과 죽음 사이의 특별한 느낌과 감정을 접해볼 수 있는 독특한 공간입니다.

건축의 본질이 공간의 형태화라는 점에서, 존재의 상실 혹은 부재에 관한 공간을 만드는 기념비나 기념관은 건축의 한 형태가 됩니다.(Ottolini, 2012, 12면). 예술의 본질은 틀림없이 인간 삶의 세계에 어떤 방식으로든 도움이 되는 것일 텐데요. 건축은 더 나은 거주의 질을 위해 공간을 열어 인간 삶의 궤적을 완성하는 가장 큰 규모의 예술입니다. 여기에는 삶의 마지막 공간 역시 포함됩니다.

우리는 그러한 건축물을 잘 알고 있습니다. 피라미드나 타지마할이 바로 그것이지요. 여기에 동의할 때 우리는 "건축의 작업은 기념비와 무덤에 관한 것이다. 즉, 기억의 작업이다"라고 말한 아돌프 로스(Adolf Loos, 1870~1933)의 말을 받아들일 수 있습니다.

건축은 당연히 조각과는 다릅니다. 하지만 조각의 형태가 공간적인 상호작용을 만들어낼 때, 그것은 건축의 요소가 될 수 있습니다. 르 코르뷔지에의 무덤을 참조하며 이런 점을 언급하고 있는 오똘리니

(Gianni Ottolini)의 관점에서 볼 때, 아돌프 로스의 묘석은 하나의 단순한 덩어리가 아니라 공동묘지 속 건축요소 중 하나가 됩니다. "거주할 수 있는 공간을 여는 것"과 "이것 내에서 인간 삶에 유용한 것들을 모으는 것"의 개념은 건축에 완벽하게 적용될 수 있습니다. (Ottolini, 2012, 12면)

아마도 세라와 아이젠만이 참조했을지도 모르는 또 다른 작업으로 알도 로시(Aldo Rossi, 1931~1997)가 계획한 산 까탈도(San Cataldo)의 공동묘지(1971~1984)가 있습니다. 설령 그들이 사전에 이것을 알지 못했고 참고하지 않았다고 하더라도, '그란데 크레또'와 마찬가지로 연상되

아돌프 로스(Adolf Loos)의 무덤, 빈(오스트리아) ©Gianni Ottolini

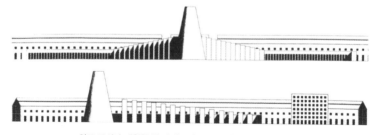

알도 로시가 계획한 산 까탈도의 공동묘지(모데나, 1971~1984)
Arnell, Peter, and Ted Bickford (eds.),
Aldo Rossi: Buildings and Projects, New York: Rizzoli, 1985, pp.91~93

는 점이 있습니다. 거대한 육면체들 사이의 공간적 경험은 (곧 설명하겠지만) 유사한 면이 없지 않습니다. 중요한 것은, 비극 혹은 죽음에 관련한 건축 작업이 이론적으로 그리고 실제적으로 일련의 흐름 속에 있다는 점이지요.

선명한 의미와 명료한 상징

본격적으로 기념비 안으로 들어가 보겠습니다. 포츠담 광장, 티어가르텐(공원), 의회 의사당, 브란덴부르크 개선문, 외국 대사관 등으로 둘러싸인 이 장소는 역사적으로, 정치적으로, 또한 지리적으로도 중요한 곳입니다. 이곳을 기념비 부지로 내어준 것은 희생자들과 국제사회에 대한 가해국 독일의 정치적인 책무를 인정하는 것을 의미합니다.

하버마스는 희생자 추모와 연결이 불가피하다고 말합니다. "…범죄와 가해자가 우리에게 의미하는 것에 관한 배타적인 집중은 희생자를 향한 도덕적 연민을 약화시킬 것입니다. 추모를 향한 무조건적이고 도덕적인 충동은 자기 과신의 맥락을 통하여 정당화될 수 없습니다. 우리가 오직 그들을 위해서 그들을 생각할 때, 제대로 그리고 심각하게 희생자를 생각할 수 있습니다." 계획된 기념비는 그러한 연결들을 만드는 추모의 분산을 극복하는 데 도움이 되는 것으로 이해될 수 있습니다.(Foundation…, 2009, 32면)

이 기념비는 이곳을 마치 거대한 조각공원 혹은 도시의 묘지처럼 보이게 하는데요. 돌로 만든 관(석관)을 연상케 하는 묘비들 때문입니다. 이곳은 추상화된 공동묘지와 닮아 있는 듯합니다. 자동차 도로와

두 겹의 완충 지대로 이루어진 안전한 보행도로

추상적 형태의 이름 없는 묘비들

인도가 이곳을 둘러싸고, 그 안으로 추상적인 형태의 이름 없는 묘비 2,711개가 거대하게 세워져 있습니다. 이름 없는 추상의 묘비는 "재현할 수 없는 유대인의 상실, 그 엄청난 규모와 깊이를 강조하는 데 적합한 글의 부재"를 말하고 있습니다(Ball, 2008, 47면).

묘비는 정확하게 직각의 배열, 격자의 틀 속에 살짝 기울여진 채 서 있는데요. 묘한 심상들이 잇달아 발생합니다. 땅의 굴곡, 낮은 묘비부터 키 큰 묘비에 이르기까지 물결치는 듯한 묘비의 움직임, 그 사이사이의 공간과 나무, 이를 둘러친 도시의 풍경은 마치 1910년대에서 20

묘비 크기의 빈 땅에 심어진 나무(위), 전체 격자무늬에 맞춰 계획된 바닥조명과 장애인 표시(아래)

거대한 묘비들 ⓒRauterberg, 2005

년대 사이에 레프 쿨레쇼프(Lev Kuleshov, 러시아 영화제작자이자 이론가, 1899~1970)가 보여줬던 이미지들의 병렬 효과, 즉 몽타주(합성) 효과를 만들어내는 장치 같기도 합니다.

다른 한편 이 기념비는 미적이면서 공적인 공간으로서 광장, 공원, 혹은 거대한 실외전시관이라고 할 수 있는 공간의 특징을 제공하고 있습니다. 잔인한 기억의 풍경뿐만 아니라 산책, 만남, 휴식, 수다 같은 도시의 일상적인 일들이 일어나기 때문입니다.

때때로 아이들이 숨바꼭질 놀이를 하기도 합니다. 예술의 한 형태로서 끔찍한 기억을 드러내고 있는, 희생자의 영혼이 물질화된 듯한 대기를 느낄 수 있는 이 상징적인 장소에서 말이지요. 누군가가 "이곳은 잔인한 살육을 회상하고 희생자를 추모하는 공간이므로 그런 행위(숨바꼭질)는 올바르지 않다"라고 꾸짖을 수도 있을 것 같습니다. 하지만 그렇게 생각한다면 이곳은 특별한 날에만 기억하게 되는 기념물이 될 것이고, 일상의 삶에서 멀어질 것입니다. 따라서 이 기념비는, 지하의 정보센터를 제외하면, 희생된 유대인들뿐 아니라 모든 사람에게 주어진 하나의 거대한 장소, 조각彫刻된 장소 혹은 공간으로 여기는 것이 맞겠습니다.

묘비는 가로 2.38m, 세로 0.95m이고 높이는 0~4.7m로 다양합니다.

묘비에 앉아 대화하는 사람들
ⓒRauterberg, 2005

가장 키 큰 묘비의 무게는 어림잡아 약 16톤이며 평균 무게는 8톤쯤 됩니다. 묘비는 정확히 19,073㎡의 면적 위에 0.5도에서 2도까지의 기울기로 격자의 틀 안에 세워져 있습니다(Foundation…, 2010, 71면).

두 사람이 걷기에는 좁은 0.95m의 간격으로 배열된 묘비 사이로 걸어 들어가면 익숙하지 않은 곳으로 빠져드는 것 같은 느낌을 받습니다. 예상치 못하게 다른 사람들과 마주칠 때 깜짝 놀라기도 하지요. 이 경험은 좁고 그늘진 죽음의 길을 걸어야 했던 유대인의 삶, 학살되기 직전의 상황을 떠올리게 하는 듯합니다. 폐소공포증과 질식할 것 같은 느낌을 유발하는데요. 바로 이것이 이 기념비가 우리에게 주는 본질입니다. 이런 점에서 기념비는 선명한 의미 전달자이며, 이 공간의 의도를 재현하는 '명료한 시각적 상징'이 됩니다.

역사의 굴곡을 보여주는 듯 고르지 않은 바닥과 기울어져 쓰러질 듯한 묘비의 숲을 가만히 걸을 때면 현실의 대기와 사뭇 다른 경험을 하게 되는데요. 일반적이지 않은 공간감은 방향감 상실, 불확실하고 불명확한 느낌, 일종의 불안을 야기합니다. 묘비가 끝나는 지점에서 보이는 베를린의 풍경은 출구라기보다는 이 공간을 짓누르는 듯한 배경이 되고, 하늘은 유일한 출구로 보이게 됩니다.

주제로 인하여 거리에서 인식되는 평온과 고요는, 그곳으로 들어가는 방문객을 묘비가 에워싸면서 약간의 안도감과 밀실 공포증을 느끼게 하는 내부의 밀도에 의해 깨집니다. 현 존재의 경험, 관습적 경험의 표시가 없는 존재의 경험, 공간에서 잠재적으로 행방불명되는 존재의 경험, 비물질적인 물질화의 경험은 이 기념비가 지닌 불확실성입니다. 그러한 계획안이 착란적인 정신을 넘어서 그것의 피상적인 도식의 추상을 극복할 수 있을 때, 그 작업

기념비의 굴곡진 바닥면 ⓒRauterberg, 2005

묘비로 둘러싸인 기념비 안에서 올려다본 하늘

은 그것의 의미나 미학으로 평가되지 않고 그 자체적인 성공 불가능성에 관한 경고와 그것의 기념물이 됩니다.(Rauterberg, 2005)

어쩌면 누군가에게 이곳은 침묵의 깊은 바닷속, 헤엄쳐 빠져나오기 결코 쉽지 않은 곳으로 느껴질지도 모릅니다. 강조하고 싶은 것은, 이 추상적인 형태가 감정에 호소하듯 누군가의 내부를 강타한다는 점입니다(Davidson, 2006, 290면).

이러한 경험은 지하 전시공간(면적 2,116㎡)으로 이어집니다. 삶과 죽음이 이분되어 있지 않은 것처럼 지하는 하나의 통합된 형태로 지상을 반영하고 있습니다. 일반인은 계단을 통해, 장애인은 승강기를 통해 지하로 진입할 수 있습니다. 지하는 '규모의 방(Room of Dimensions)', '가족의 방(Room of Families)', '이름의 방(Room of Names)', 그리고 '지역의 방(Room of Sites)'이라는 네 개의 주제로 공간 구성이 이루어집니다. 이 네 개의 전시공간에 입구와 출구가 덧붙어 전체적인 지하 전시공간을 이루고 있습니다.

언급하였듯이 지하는 지상의 연장선에 있습니다. 굴곡진 천장, 천장과 벽을 뚫고 나온 묘비, 격자에 맞춘 천장과 바닥의 문양, 묘비 크기의 비례 이용 등 모든 것들이 지상 묘비의 형태를 참조하고 있습니다. 하지만 지상 묘비가 세워진 정방향 격자의 틀에서 시계 반대방향으로 5도 회전된 또 다른 격자무늬에 의해 전시공간이 조직됩니다.

아이젠만의 작품에서 겹침은 종종 사용되는 것이어서 특별한 것은 아니라고 생각할 수 있으나, 이것은 옛 베를린 도시의 5도 기운 가로街路 체계의 흔적을 가져온 것입니다. 과거 역사와 현재의 기념비로 대표되는 두 가지 시간의 층위를 겹쳐 축적된 현재를 표현하려는 작업

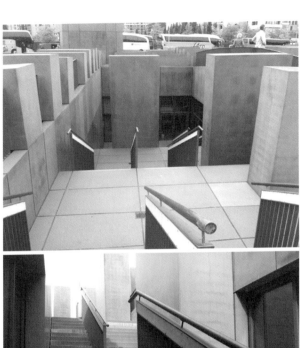

지하 전시공간 입구(위)와 출구(아래)

으로 해석됩니다(Foundation…, 2009, 44면). 즉, 역사의 연장선을 깔고 그 위에 공간을 계획한 것인데요. 홍미로운 것은, 겹쳐진 격자무늬가 바닥과 천장에서 동일하게 유지되고 있다는 점입니다.

종합해보면 지하는 지상의 기념비와 앙상블을 만들어내는 특징을

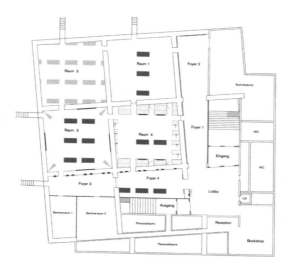

지하 전시공간 평면도
Foundation Memorial to the Murdered Jews of Europe, 2009, p.43

통로 전시공간

가지고 있습니다. 하나의 기억이 다른 공간에서도 내용과 분리되지 않는 상관관계를 유지하는 것이지요.

전시공간은 홀로코스트의 생존자 프리모 레비의 음성과 함께 시작됩니다.

"그것은 발생했다. 그러므로 다시 발생할 수 있다. 이것이 우리가 말해야만 하는 것의 핵심이다."

한쪽 벽 위로 1933~1945년 사이 독일의 폭압적인 역사와 홀로코스트의 내용을 압축하여 붙여놓고, 그 끝에 여섯 명(Malka Malach, Etty Hillesum, Claire Brodzki, Schimon Medel, Robert Vermes, Zdenek Konas)의 커다란 초상을 전시하고 있습니다. 이 초상은 유럽의 약 600만 명의 학살된 유대인(남성, 여성 그리고 아이들)을 대표하고 있지만, 근본적으로 개인(생애)에 초점을 맞춘 것입니다(Foundation…, 2010, 14면).

좌측으로 돌아 첫 번째 '규모의 방(Room of Dimensions)'으로 들어가면 홀로코스트가 자행되던 동안 희생자들이 적은 마지막 메모와 일기 그리고 편지를 읽을 수 있습니다. 비문처럼 새겨진 바닥의 짧은 글들은 그들이 어떻게 잔인하게 취급당했는지, 그리고 그 속에서 그들이 느낀 죽음의 공포를 고스란히 전해주고 있습니다. 열다섯 개의 증언, 예를 들면 펠라(Fela)와 유디트(Judith)가 죽음의 공포 속에서 적어보냈던 몇 개의 편지와 기록이 바닥에 붙어 있습니다. 현기증을 일으킬지도 모르는 관람객 혹은 나이 든 생존자를 배려한 듯한 작은 묘비 크기의 벤치가 인상적입니다.

두 번째 '가족의 방(Room of Families)'은 홀로코스트가 있기 전 다양

'규모의 방'(Room of Dimensions)

'가족의 방'(Room of Families)

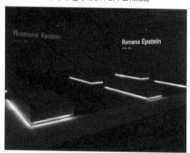

'이름의 방'(Room of names)

'지역의 방'(Room of Sites)

한 유대인의 삶을 보여주고 있는데요. 15명의 유대인 가족사진과 기록, 이들 가족의 이주와 죽음을 천장에서 내려진 묘비 위에 전시하고 있습니다. 유대인의 대표적인 가족사를 전시하고 그들의 상실된 문화와 파괴된 삶의 방식을 환기시키고 있습니다.

이 방에 등장하는 가족의 구성원은 이곳의 공식적인 개관에 하루 앞서 이 전시공간을 방문합니다. 그들은 조명이 들어간 묘비를 오랫동안 물끄러미 바라봅니다. 그런 다음에야 비로소 가족의 방은 가장 개인적인 의미를 획득하게 됩니다; "우리 할아버지와 고모가 마침내 묘비를 갖게 되었군요.(Foundation…, 2010, 30면)

세 번째 '이름의 방(Room of Names)'은 유럽 전역에 걸쳐 실종되고 살해되었던 유대인들의 이름을 부르고 있습니다. 어둠 속에서 울려 퍼지는 음성은 유대인의 이름과 출생지, 그리고 생을 마감한 장소입니다. 모든 희생자를 한 번씩 호명하는 데 6년 7개월 27일이 걸립니다.

마지막 '지역의 방(Room of Sites)'은 유럽 전역에 걸친 범행 지역, 그리고 지리적인 범위와 크기를 전시하고 있습니다. 유럽의 유대인과 다른 희생자들이 처형되고 살해된 대표적인 장소 220곳을 표시하고, 이와 관련된 영화와 사진 자료를 제공하고 있습니다.

그다음의 안쪽 전시공간은 기념비, 박물관, 기념 지역과 관련된 추가정보들을 제공합니다. 이곳에는 '유대인과 비유대인이 투옥되고 추방되고 살해된 곳'과 독일 나치당의 국가사회주의에 의해 테러당한 주요 지역이 표기된 유럽의 지도를 전시하고 있습니다(Foundation…, 2010, 47면).

유럽 전역의 기념지와 추가자료, 영상 기록물을 위한 전시공간

출구 쪽 10개의 컴퓨터 단말기는 영상 기록과 홀로코스트 생존자들의 인터뷰를 제공하고 있습니다. 이 공간은 햇빛으로 가득 차 있는데요. 마지막 어두운 전시공간에서 나오는 동안 방문객은 유리벽을 통해 들어오는 햇빛(공간 구성의 효과)을 다소 전이적이고 은유적으로 이해하게 됩니다.

출구 계단을 오르며 생각합니다. 무덤과 기념비는 건축의 작업에 속한다는 점에서 이 기념비가 이해되기도 하지만 충분하지 않은 것 같아, "잔혹한 기억의 미적 표현에 관한 논쟁이 이 기념비에 어떻게 영향을 미쳤고, 그것은 실현되었는가?"라는 물음을 다시 한 번 되뇝니다.

마르틴 발저는 1998년 프랑크푸르트 도서전에서 평화상을 수상하면서 다음과 같이 홀로코스트 기념비를 언급합니다.

아우슈비츠는 협박의 통상적인 방법, 늘 유용한 위협, 도덕적인 사교 모임 혹은 그냥 의무가 되기에는 아직 적절하지 않습니다. 의식儀式화가 만들어내는 것은 입에 발린 말의 특성입니다. …수도의 중심을 구체적인 악몽으로 바꾸는 것… 수치를 기념으로 바꾸는 것.(Friedenspreis des Deutschen Buchhandels, October 11, 1998, Dorchain, 2013, 191~192면)

다른 한편으로 아이젠만의 말이 생각납니다.

미화美化가 어떠한 방식으로든 아름다움의 형태를 통해서 평범함을 넘어서는 것을 의미한다면, 인간성을 파괴한 그들의 범죄를 미화하는 것이 가능한가? 동일한 맥락에서, 어떻게 이 범죄의 극악무도함에 의미를 부여할 수 있겠는가?(Rauterberg, 2005)

아이젠만이 위와 같이 말했음에도 결국 그것은 건축물로 지어집니다. 하버마스(Jürgen Habermas, 1929~)의 다음 글에서 이 기념비의 실현가능성 혹은 당위성에 대한 실마리를 찾을 수 있을 것 같습니다.

예술의 수단으로 문명의 파괴를 표현하기는 어렵습니다. 아마도 불가능할 것입니다. 그러나 여기서 그것의 상징적인 표현을 모색하는 데 있어서 시각 예술이라는 도구, 다시 말해서 현대예술의 추상적인 형태언어를 능가할 만한 매개체가 없습니다. 그것의 불안정한 자기충족은 실수와 진부함을 경계 하는 데 그 어떤 것보다 나은 것으로 보입니다.(Ball, 2008, 45면)

저 기념비가 부러운 이유

'유럽의 학살된 유대인을 위한 기념비'의 실현은 '미적 수단으로 끔찍 했던 기억을 재현할 수 있는가'라는 논쟁의 중심에서 이를 뚫고 추상 의 형태로, 다시 말해서 새로운 형태의 발전보다는 오히려 일련의 예술적인 관념 속에서 만들어졌습니다. 하버마스가 언급한 것처럼 그것 은 우리에게 또 다른 논란을 일으키지 않으면서 잔인했던 역사, 즉 시 간의 형태 속으로 이끌고 있습니다. 여기서 중요한 것은 추상의 형태 가 이끄는 기억의 재현입니다. 이 형태의 건축적인 의미는 '그란데 끄 레또'가 자아내는 그 무엇과 마찬가지로 감각적인 느낌, 기억의 대기, 역사의 장면 속에 놓여 있습니다.

도열해 있는 지상의 묘비를 보면서 일종의 부러움이 생깁니다. 가장 숨기고 싶은 치부, 들키고 싶지 않은 과거, 인류 역사에 있어 이보다 더 잔인한 적이 없었던 독일의 역사를 수도 베를린 한가운데에 '명료한 시각적 상징'으로 현실화시키고, 가해자인 자신을 반성하고 피해자에게 사죄하고 그들을 위로하며, 전 세계에 도덕적·사회적·정치적 의무를 다짐하는 명쾌한 이 선언이 어찌 부럽지 않을 수가 있을까요.

여기에 더해 탐나는 것은 이곳이 전 세계 방문자들뿐 아니라 베를린 시민들에게도 조각된 하나의 공원으로 이용된다는 점입니다. 접근하기 편리한 위치와 지상 바깥쪽 공공의 공간에서부터 지하 내부의 공간에 이르기까지 치밀하게 계획되어 연결되는 공간의 네트워크는 매력적인 도시의 공간을 만들면서 동시에 일상의 공간과 이어지도록 합니다.

건물의 예술과 도시의 예술로 드러나는 건축물은 복수의 개인을 만족시키는 실내 공간뿐만 아니라 모두를 만족시키는 공동체의 공간을 제공해야 한다고 앞에서 말했던 것을 상기해보면, '유럽의 학살된 유대인을 위한 기념비'만큼 그것이 잘 구현된 사례는 찾아보기 힘들 것입니다. 지상의 기념비와 지하의 전시실이 하나로 통합되어 도시에 주어지면서 자연스럽게 도시 공간의 일부가 되는, 다시 말해 건축물의 내부성과 도시의 공간성이 최적으로 작동하는 삶의 장치를 만들어낸 몇 안 되는 작품이라고 할 수 있겠지요.

▼

위치 Cora-Berliner-Straße 1, 10117 베를린, 독일
+49 (0)30-263943-0
개관 4월~9월, 화~일 10:00~20:00, 10월~3월
화~일 10:00~19:00, 12월 24~26일, 31일(16:00부터) 휴관

세월호 추모공간

잔디 깎는 기계가 멈췄다, 두 번째다
무릎을 꿇고 들여다보니
칼날 사이에 고슴도치가 끼어
죽어 있다
긴 풀 속에 있었던 것이다

전에 이 녀석을 본 적이 있고, 한 번은
먹을 걸 주기도 했었다
그런데 이제 눈에 띄지 않는 그 세계를
내가 망가뜨린 것이다
수리할 수도 없이
땅에 묻는 수밖에 없었다

이튿날 아침 나는 일어났지만
고슴도치는 그러지 못했다
하나의 죽음 다음의 첫날, 새로운 부재는
언제나 똑같다

서로에게 마음을 쓰고
친절해야 한다
아직 시간이 있을 때

_ 필립 라킨, 「잔디 깎는 기계」, 류시화 옮김

"사랑을 받기 위해 자식이 할 일은 아무것도 없다. …자식이 해야
할 일은 오직 어머니의 아이로 남아 있는 것뿐이다." 에리히 프롬의 글

이 가슴을 파고듭니다. 존재의 상실, 상실에 의한 부재에서 오는 슬픔은 우리 자신을 더욱 소중한 존재로 자각하게 해줍니다. 수많은 인명의 상실, 그 새로운 부재에서 오는 존재의 흔들림을 조금이나마 공감할 수 있다면, 그래서 생명의 소중함을 새삼스레 인식한다면, '아직 시간이 있을 때' 서로 마음을 나누고 위로하고 친절해야 하지 않을까요?

그날 오전, 남영동 대공분실 견학에 나섰던 우리(새길교회 이소희)는 인근 허름한 식당에서 이른 점심을 먹던 중 TV를 통해 소식을 접합니다. 엄청난 비극(매체들의 오보, 수색 난항, 구조 실패, 국민 분열, 추모와 무관심)이 시작되리라는 것은 짐작도 못한 채, 전원 구출이라는 속보를 보고 이런저런 이야기를 나누다 자리에서 일어납니다.

세월호는 2014년 4월 16일 한국시각 오전 8시 48분경 침몰하기 시작하여 18일 완전히 침몰(북위 34도 13분 16초, 동경 125도 57분 00초)합니다. 탑승인원 476명 중 295명이 사망하고 9명이 아직 실종 중인 상태입니다.

세월호의 침몰은 한국의 모든 사회적 고통을 집어삼켜버립니다. 제주도, 밀양, 쌍용자동차, 삼성 등에서 일어나고 있는 고통은 세월호의 침몰에 묻히고, 국민 대다수의 시선은 이곳에 집중됩니다.

존재하는 모든 생명체는 존귀합니다. 보잘것없는 한 생명에 온 우주의 생명이 깃들어 있으며, 온 우주에 그 하나의 생명체가 참여하고 있기 때문입니다. (길희성, 2004, 175면)

석연찮은 정부의 대응에 분노한 유가족들은 진실이 인양되기를 바라며 거리와 광장으로 나섭니다. 많은 곳에 분향소가 설치되고 추모를 위한 행렬이 이어집니다. 서울에서는 4월 27일 시청 앞 서울광장에 세월호 합동분향소가 세워져 추모가 이어지고 청계광장, 광화문광장 등에서 세월호 인양과 진상조사를 요구하는 집회가 열립니다.

거리나 광장, 공원 같은 도시의 공간은 공적 영역으로서 공동체를 위해 열린 공간이라고 언급한 바 있습니다. 민주주의의 시작인 고대 그리스에서부터 현재의 민주주의 국가에 이르기까지, 이러한 공간은 현실의 정치에 대해 발언하고 국가적·사회적 현안이나 문제에 참여하는 시민의 공간입니다.

집회나 시위, 애도나 추모가 일어나는 곳은 여론이 형성되는 중요한 공간으로서 정치의 장이 되기도 하고 공동체적인 삶의 장이 되기도 합니다. 모든 시민이 참여할 수 있고 그들의 의사가 발현될 수 있는 공간이지요. 다시 말해서, 민주주의 원리가 작동하고 시작되는 공간입니다. 3.1운동, 4.19혁명, 6.3운동(한일협정 반대운동), 6월항쟁, 2002 한일 월드컵 거리 응원, 2009 광우병 촛불시위 등은 이를 잘 보여주고 있습니다. 정치적 용어로는 '광장의 정치' 정도가 될 것입니다. 이러한 공적 영역에서의 활동은 보호받고 존중받아야 하며, 누구나 자유로운 활동이 가능하도록 공간을 열어두어야 할 것입니다.

한국에서 광장의 역사는 깊지 않습니다만, 사람들이 만나고 소통할 수 있는 거리나 공원 같은 도시의 공적인 공간은 모두를 위한 축제의 장소가 되기도, 애도의 장소가 되기도 합니다. 문제는 권력을 쥔 자들이 이를 방해한다는 점이지요. 권력은 복수의 개인이 연대하지 못하게 하려는 목적으로 도시의 공적 공간을 오용합니다.

광화문광장에서 일어난 시위와 이를 진압하는 국가권력의 대응을 우리는 고 백남기 농민 사망 사건(2016)을 통해 생생하게 목격한 바 있습니다. 집회 참가자를 보호해야 할 공권력이 위헌이라는 결정에도 불구하고 육중한 차벽을 설치하고 폭력적으로 진압했습니다. 이런 불법적 대응이 국가폭력이라는 이름으로 외국 언론에 보도되는 것을 보았습니다.

국가권력은 집회나 시위가 평화롭게 끝나도록 보호해야 할 의무가 있습니다. 다만, 거기서 생기는 불법적인 문제에 대해서는 인권을 침해하지 않는 범위 내에서 대처하고 법을 집행하면 되겠지요. 개인에게 가해지는 국가권력은 종종 치명적이라는 점을 경찰이나 시민 모두 분명하게 인지해야 할 것입니다.

한 사회가 권위주의적 의식으로 물들기 시작할 때, 한 국가가 권위주의적 통치체제로 변질되기 시작할 때 가장 먼저 차단되는 공간은 도시의 공적 공간입니다. 거리나 공원, 광장에서의 모든 활동이 불법으로 규정되고 강제로 종식됩니다. 모두를 위해 열려 있어야 할 공간이 권력에 의해 폐쇄되고, 오직 권력을 위해서만 열리게 되겠지요. 정의로운 자가 소리 낼 공간은 없어지게 되고 말 것입니다.

공간의 힘: 위로와 공감

서울시는 서울광장에 설치된 세월호 합동분향소를 옛 서울시청 건물인 서울도서관 3층 서울기록문화관으로 옮기고 '별이 되다'라는 추모공간을 마련하여 일반인에게 개방합니다(2014. 11. 21). 겨울을 앞두고 야외 분향소를 없애는 대신 실내에 새로운 공간을 만든 것이지요. 서울광장 분향소를 찾은 시민들이 남긴 노란 리본, 노란 종이배, 추모의 글·사진과 작가들이 만든 노란 별, 노란 영상, 노란 리본 조형물,

세월호 참사 과정을 그린 그림 등이 추모공간을 가득 채우고 있습니다.

세월호 추모공간은 면적이 좁아 관람 동선은 짧은데요. 기억, 추모, 참여라는 주제로 공간이 구성되어 있습니다. 신축이 아니고 서울도서관 3층에 있는 기존의 공간을 추모공간으로 꾸몄기 때문에, 전쟁과여성인권박물관에서처럼 서술적 기법에 따라 추모공간이 기획된 점을 제외하면 특별한 건축적 특징은 찾아보기 힘듭니다.

다소 좁아 보이는 입구를 지나 들어선 추모공간은 차갑고 어두운 분위기로 추모객을 맞이합니다. 납덩이같이 덮쳐 씌운 침묵의 공간으로 빨려드는 것 같습니다. 전시는 왼쪽 벽면부터 시작됩니다. 인천 여객터미널로 모이는 여행객들의 즐거운 표정을 그린 그림, 여행의 설렘과 즐거움을 나타내는 불꽃놀이 그림이 걸려 있습니다.

다음 벽면에는 평화로운 바다의 모습과 배가 가라앉는 장면을 담은 그림이 걸려 있습니다. 동화 같은 첫 그림은 관람하는 아이들이 좋아할 법하지만, 마지막 그림은 그래서 더 아프게 다가오는 것 같습니다. 이 벽에 걸린 그림들은 단원고 학생들과 교사들이 수학여행을 떠나기 위해 배에 오르는 들뜬 모습에서부터 서서히 침몰해가는 안타까운 사고 장면까지 일련의 상황들을 순서대로 보여주고 있습니다.

가운데 매달린 조명은 서울광장 등에서 열린 추모 행사를 찍은 사진들로 만들어졌는데요. 행사에 참석한 사람들의 수만큼 전시공간을 밝히고 있는 느낌입니다. 전체적으로 어둡고 차갑게 느껴지는 이 공간은 더 많은 이의 공감과 참여를 호소하고 있는 듯합니다.

살짝 비껴 쌓여 있는 도화지 위의 문구들은 세상 그 어느 것보다도 무겁게 느껴집니다.

세월호 추모공간

세월호 추모공간, 쌓여 있는 추모글

세월호 추모공간, 가장 깊은 곳

두려운 건 죽음이 아니다. 잊혀진 그들의 영혼이다. 저 하늘에서 울려 퍼지리. 이승의 절규가, 아픔이, 고통이. 천국에서 편히 눈감으소서. 가족의 죽음을 일찍 경험한, 서울시민 올림

추모글이 적힌 도화지를 담고 있는 두 개의 투명 상자보다 더 무거운 무게감을 지금까지 느껴보지 못했습니다. 추모자의 마음이 소름이 돋을 만큼 고스란히 전달되며 우리의 시선과 마음을 잡아끕니다.

이곳을 돌아 가장 안쪽 공간으로 이동하면 한쪽 창 전체가 노란 리본으로 덮여 있는 추모공간을 만납니다. 분향소에, 팽목항 난간에, 느티나무에 묶여 있던 수십만 개의 노란 리본들이 여기로 한꺼번에 옮겨진 것 같습니다. 빼곡히 묶여 있는 노란 리본들이 흠뻑 햇살을 먹어 온통 노란빛으로 공간을 채우고 있습니다.

어느 늦은 봄날 오후 햇빛에 투과된 서울광장의 노란 리본들이 바람에 살랑살랑 흔들리는 모습이 아주 예쁘면서 슬퍼 보였고, 이러한 모습이 이번 참사 희생자들을 대하는 시민들의 마음인 것 같아 그 모습을 '기억공간'에 고스란히 담아내고 싶었습니다.(4.16 세월호 참사 기억공간 '별이 되다' 큐레이터 김태현)

이 추모공간은 따뜻한 온기의 공간이고 어미의 품 같은 공간입니다. 창 전체에 뒤덮인 노란 리본들이 만들어내는 따뜻한 노랑의 공간이 슬프고 아픈 마음을 다소 누그러뜨려주면서, 외려 우리를 위로하고 감싸 안는 공간으로 치환되게 만듭니다. 공간에 힘이 있다면 바로 이런 게 아닐까요? 군데군데 붙어 있는, 수묵화로 그려낸 익명의 추모자들

과 시민들의 모습이 유가족들을 말없이 위로하고 있습니다.

오른편으로 눈에 들어오는 노란 종이배를 담은 상자들, 그리고 거기 적힌 시민들의 글귀에서 느껴지는 따뜻한 마음은 아직 가라앉지 않은 우리의 마음이고 공감이겠지요.

다시 돌아 나온 전시관 한쪽, 바다색 파란 벽면 위로 노란별이 걸려 있습니다. 4개의 큰 별과 16개의 작은 별은 참사가 일어났던 4월 16일 을 의미합니다. 짐작하시겠지만, 세월호 추모공간의 주 색상은 노랑과 파랑입니다. 이 두 가지 색상으로 세월호의 비극과 추모 그리고 희망 의 의미를 담아내고 있습니다.

추모공간 큐레이터 김태현에 따르면 파랑은 세월호를 집어삼킨 바 다를 나타냅니다. 노랑은 추모공간을 되도록 밝은 느낌으로 만들기 위 해서, 그리고 희생자를 밝게 빛나는 별로 기억하고 싶어 하는 유가족

세월호 추모공간, 별과 나비

새롭게 단장한 세월호 추모공간

들의 마음을 반영하기 위해서 사용되었다고 합니다.

별과 별 사이에 전자화면이 붙어 있습니다. 화면 속에서 날아오르는 나비는 희생자들의 넋이 자유롭게 날아다니길 바라는 마음이 담긴 것입니다. 팔랑이는 나비들이 '일본군 위안부' 소녀상의 나비와 겹치면서 묘한 감정을 낳습니다. '별이 되다'라는 전시 주제가 말해주듯, 저 아이들은 하늘로 날아올라 우리 곁에 영원히 머무르겠지요. 별이 되어 부모의 가슴에 묻힌 아이들의 모습이 애잔하기 이를 데 없습니다.

빠져나오듯 추모공간을 나오면 수없이 많은 추모객들의 메모가 붙은 반대편 벽을 마주합니다. 입 있는 이들이 토해낸 슬픔, 그리움, 애도, 희망 등이 모여 작은 추모의 벽이 되고 있습니다. 아이들, 친구, 언니, 누나, 형, 오빠를 그리워하는 마음, 지켜주지 못해 미안하다는 부모, 친구, 동생들의 마음이 고스란히 담겨 있습니다. 먼 이국땅에서 온 외국인 추모객의 글도 눈에 띕니다. '가만히 있지 않겠다', '잊지 않겠다'는 메모 속 다짐들이 보는 이의 마음을 뜨겁게 만듭니다.

"기억할게, 잊지 않을게"

2014년 11월에 만들어져 약 10개월 만에 재단장된 추모공간은 2015년 9월 말에 공개됩니다. 도서관 3층 서울기록문화관을 서울광장과 관련된 사진과 동영상 등으로 다시 꾸미면서, 출입문이 좁고 공간이 너무 어둡다는 유가족의 의견을 반영하여 세월호 추모공간도 새롭게 꾸민 것이지요.

면적(82㎡)과 주요 전시물은 이전과 크게 다르지 않지만, 삼각형 모양이었던 바닥 공간이 사각형으로 바뀌면서 다소 안정감을 찾았습니

2014. 4. 16

REMEMBER

잊지않을게
그날의 기억

잊지않겠습니다
행동하겠습니다

마미들의 방

REMEMBER
2014. 4. 16

2014. 4. 16

노란 리본 조형물과 추모 메시지의 벽 그리고 가수 김장훈과 고故 이보미 학생의 듀엣 '거위의 꿈' 영상 전시. 이보미 학생의 "그래요 난, 난 꿈이 있어요. 그 꿈을 믿어요. 나를 지켜봐요."

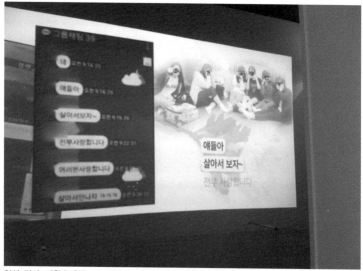

영상 전시. 세월호 침몰 전 선생님과 학생 그리고 엄마와 딸이 나눈 대화. "얘들아 살아서 보자~" "엄마 내가 말 못할까 봐 보내놓는다 사랑한다." 세월호 침몰 후 어린아이의 희망 메시지. "기다릴게 요, 보고 싶어요. 돌아와주세요."

다. 차갑고 무거웠던 이전 공간은 노란 리본들 사이로 들어오는 빛이 만든 따뜻한 공간으로 대체되어 방문객을 맞이합니다. 안쪽의 추모공간에는 세월호 1주년을 지나오면서 쌓인 새로운 기록물들이 추가로 전시되고 있습니다. 가수 김장훈과 단원고 여학생 고 이보미의 듀엣으로 녹음된 '거위의 꿈'이 영상과 함께 추모객들을 맞습니다.[26]

세월호 추모공간은 세월호 참사의 슬픔에 공감하며 거리로 나온 시민들, 그리고 서울시가 보여준 미덕에 의해 만들어졌습니다. 광장에서 분향소로, 다시 서울기록문화관으로 이어지는 추모공간은 유가족의 슬픔과 시민들의 애도로 채워집니다. 다소 작은 이 공간은 일련의 참사 과정에 따라 구성되고 계획됩니다. 하지만 차갑고 어두운 분위기 때문에 한 번의 재단장이 이루어집니다.

서울도서관 3층, 새롭게 단장한 세월호 추모공간 입구

리본으로 장식된 세월호 추모공간의 벽과 그 사이에 걸린 탑승객, 할머니와 할아버지, 아주머니와 아저씨, 여학생과 남학생, 아이와 어머니의 모습

확실히 이전보다는 따뜻한 공간감이 있지만 여전히 온전하게 느껴지지 않는 것은 이것이 완결된 사건이 아니기 때문입니다. 세월호 참사의 원인 규명과 책임자 처벌이 아직 이루어지지 않았기에, 추모공간 또한 아직은 미완의 형태로 남아 있습니다.

이곳은 희생자를 기억하기 위해서, 그리고 사회적 고통에 함께 나누기 위해서 잠정적으로 만들어졌습니다. 하지만 시민들의 참여로 추모공간이 만들어졌다는 점에서 큰 의미가 있는 소중한 공간임에 틀림없습니다. 세월호 추모공간은 참사가 만들어낸 부재자에 대한 기억의 공간인 동시에 부재에서 오는 상실감을 나누는 공간, 즉 남은 이들의 공감의 공간이기도 합니다.

▼

위치 서울특별시 중구 태평로 1가 31, 서울도서관 3층 (서울특별시 중구 세종대로 110)
(02)2133-0380
교통 지하철 : 1, 2호선 시청역 5번 출구
버스 : 101, 150, 402, 405, 501, 506(간선) 1020, 1711, 7016~9, 7022(지선)
종로 09, 11(마을)
교통 화~금 09:00-21:00, 토~일 09:00-18:00(월요일/공휴일 휴관)

·**김명식**· 러스킨(John Ruskin, 1819~1900, 영국의 미술비평가)은 고통을 이해하고 아름다움의 근원을 헤아려보는 것이 예술의 두 가지 목적이라고 말했습니다. 우리는 그중 하나, 고통에 참여하여 공동체적인 고통을 이해하려고 시도하였습니다. 고통을 기억하려는 것에서 출발하는 기억의 형태화는 사랑하는 존재의 상실, 그 새로운 부재에 대한 아픔을 딛고 만들어진 추모공간 혹은 기념비입니다. 이것은 사랑하는 존재에 대한 찬양이고 기억입니다. 예술의 한 분야로 형태화된 고통의 공간을 통하여 아름다움의 근원을 헤아려보려는 것은 사회적이고 공동체적인 삶, 그리고 각자의 삶 속에서 구체적인 삶의 방식을 찾기 위한 게 아닐까요? 그렇지 않으면 예술이 무슨 의미가 있을까요.

| 사회적 의식수준과 공공건축을 통한 기념 |

·**김명식**· 공공건축이라는 것은 사회적 합의에 따른 산물입니다. 독일의 유대인 희생자를 기리는 기념비는 1988년부터 시작된 사회적 합의의 과정을 통해서 만들어졌습니다. 일전에 방문했던 전쟁과여성인권박물관을 보면 위치는 외지고 규모도 크지 않은데요. 이는 비극적인 사건과 그것의 기억에 대한 사회적 합의가 그 정도밖에 되지 않는다는 것을 보여주는 단적인

예로 볼 수 있습니다. 우리 사회가 고통의 기억에 대해서 딱 그만큼만 보여주는 것이지요. 계속해서 보아왔듯이 우리 사회와 권력은 지속적으로 '잊어버릴 것'을 요구해 왔고 대중은, 우리는 거기에 적극적으로 저항하지 못하고 있습니다.

— 기념물은 대개 가해자의 입장에서 자신들의 영광을 빛내기 위해 만들어지거나 피해자의 입장, 즉 당한 입장에서 '다시는 당하지 말자'라는 의지에서 만들어집니다. 그러나 홀로코스트 기념관은 가해자 자신들의 과오를 참회하려는 목적으로 만들어졌다는 특수성이 있습니다. 어떻게 보면 이것은 반인륜적 범죄가 단지 피해자에 대한 테러일 뿐만 아니라 가해자 자신에 대한 테러이기도 하다는 사실을 보여주는 것일지도 모르겠습니다.

— 일반적으로 피해자가 공간이나 기념비를 만드는 데 반해 독일 정부가 피해자를 기리는 공간을 만든 것은 철학이 사회를 주도하는 나라이기에 가능하지 않았을까요? 가해자가 피해자를 위한 공간을, 그것도 베를린 중심지 한가운데에 세울 수 있는 정신적인 여력이 있기 때문이지 않았을까요? 우리의 철학이나 인문학적 수준이 그들에 비해 아직 낮은 단계에 있음을 방증하는 것 같습니다. 명백한 피해자임에도 불구하고 중심가에서 벗어난 곳에, 그것도 찾아가기 쉽지 않은 주택가에 기념관을 만들어야 하는 현실을 보면 그런 생각이 듭니다.

·**김명식**· 글쎄요, 독일의 철학까지 얘기할 필요가 있을까요? 제1, 2차 세계대전을 잇달아 일으킨 나라인데요. 다만 가해자로서의 자기반성이 옆 나라 일본과 다르고, 피해자들에게 진심으로 용서를 구하는 모습으로 보면 오히

려 쉽게 이해되지 않을까요? 정작 높이 사고 싶은 대목은 전쟁 중에 그들이 죽였던 유대인 이외의 소수자들, 예를 들면 집시나 동성애자를 위해서도 기념비를 만든 점입니다. 그것도 베를린 시내 중심에 말이죠.

그들은 몇몇 대표적인 희생자들만을 부각시키는 보여주기 식의 기념을 하지 않는 것 같습니다. 피해자 개인에게 용서를 구하거나 그 개인을 기념하는 기념비가 제법 많거든요. 기념비나 추모공간 같은 예술의 형태를 종종 사용하는 건 유럽 전체에 대한 독일의 자기반성에서 비롯된 것 같습니다. 더 눈여겨봐야 할 것은 이것이 다음 세대를 위한 경고와 알림의 성격을 지닌 아주 구체적인 행위라는 점이지요. 절대 타인이나 타 민족의 권리를 짓밟아서는 안 된다는.

— 독일은 지난 역사를 성찰하면서 사람들의 생각을 바꿔냈습니다. 이 나라엔 입학식과 졸업식이 없는데요. 사람들을 아예 모이지 않게 합니다. 말리고 싶을 정도로 집요하게 물고 늘어집니다. 20대 청년이 자기 할아버지가 나치였다는 사실을 밝혀내기도 합니다. 그 정도입니다. 그냥 추모만 하고 기념관을 만들면 그건 제대로 된 기념관이 아닙니다. 우리의 생각이 바뀌어야 진정한 추모공간이 됩니다.

— 제2차 세계대전 이후 독일이나 우리나라나 미완으로 남겨진 것이 많았습니다. 하지만 독일은 사람들의 의식이 많이 선진화된 반면 우리나라는, 물론 모든 사람이 그런 것은 아니지만 아직 미생? 미숙아 상태여서 그런 것 아닌가요?

— 3.1운동을 위시해서 우리의 사회의식은 어느 나라에도 뒤지지 않았습니다. 오히려 그 이후 세대의 역사의식 결여가 문제 아닌가 싶은 생각이 들기도 하는데요. 한마디로 역사의식의 부재라고 볼 수 있지 않을까요?

— 우리 사회는 먹고사는 것 이외에 다른 것을 다 막아버린 듯합니다. 이렇게 경제만을 유일한 가치로 내세우는 허접스러운 정부도 없을 겁니다. 우리는 이것을 자각하지 못하는 것 같습니다.

— 독일과 한국 사이에 의식의 차이가 현저한 것 같습니다. 우리가 1인당 소득이 3만 달러고 독일은 5~6만 달러 정도 되는 것으로 아는데, 그 차이만큼 의식이 모자란 것 아닌가 하는 생각이 듭니다. 철학이나 가치관 등에서 모두 뒤처져 있는 것 같습니다. 세월호 침몰 이후 학생들에게 "말 잘 듣지 마라, 말 잘 들으면 죽어"라고 자주 말합니다. 가만히 있지 않고 각자의 생각으로 움직일 때, 자기가 처한 곳에서 자기만이 할 수 있는 역할을 지켜나갈 때 독일 사회처럼 성장하지 않을까요? 독일은 쳐들어가고서도 그렇게 하는데, 우리는 맨날 당하면서도 못 하지 않습니까?

— 한 사회에 속한 공공건축은 그 사회가 고통에 어떻게 공감하는지, 고통의 기억을 어떻게 다루는지에 따라 서로 다른 형태로 드러납니다. 우리는 고통의 기억을 치부로 여기고 회피하고 싶어 하는 마음에서 아직 벗어나지 못하는 것 같습니다. 그래서 망각의 시도가 빈번히 일어나는 것 같고요.

— 자기 편한 대로 기억하려는 역사, 차가운 바닷속에 우리의 마음과 함께 가라앉은 세월호, 인양하지 않으려는 진실, 상실과 부재에서 오는 존재의 소중함 등을 생각하니 마음이 불편해집니다.

— 부끄러움을 기반으로 통제하는 사회냐, 아니면 죄의식으로 통제하는 사회냐에 따라 슬픔과 분노를 다루는 방식이 다른 것 같습니다. 일반적으로 아시아는 부끄러움을 기반으로 하는 것 같습니다. 기독교 국가는 죄의식을 기반으로 하는 것 같고요. 부끄러움을 생각한다면 내가 익명 속에 숨으면 됩니다. 하지만 죄의식을 기반으로 한다면, 그것은 내 안에 있는 것이고 절대 숨거나 도망칠 수 없는 것이므로 독일처럼 될 수 있을 것 같습니다. 부끄러움을 기반으로 할 경우, 내가 어떤 죄를 짓든 숨길 수만 있으면 상관없다고 생각할 수 있습니다. 어느 것이 더 중요하냐에 따라 달라지는 것 같습니다.

— 지금까지 여러 곳을 다니면서 든 생각은 우리 사회가 굉장히 망각지향적이라는 것이었습니다. 여기저기 망각의 기제가 많았습니다. 김근태가 고문당했던 515호실이 푸른색으로 덧칠되어 있고 서대문형무소는 아예 반쪽을 팔아버렸더군요. 로마의 콜로세움을 뜯어 건축자재로 사용한 중세 때도 아닌데, 서대문형무소의 벽돌이 양평의 펜션 담장으로 사용되었다고 합니다. 세월호 추모공간도 기승전결 만들어놓고 "이 정도면 할 만큼 했다"고 말하는 듯한 느낌을 감출 수 없고, 이런 것들이 우리 사회에 만연되어 있는 것 같습니다. 공공건축이 사회적 합의에 따른 것이라면, 우리 사회는 이

를 불가능하게 하는 망각지향적인 사회인 것 같다는 생각을 지울 수 없습니다.

| 베벨광장 분서 사건 기념물 |

— 베벨광장에는 1933년 나치의 분서 사건을 고발하는 기념물이 있습니다. 1.1m 크기의 육면체가 땅 밑으로 들어가 사면이 빈 책장으로 둘러싸여 있는 텅 빈 서가입니다. 그곳에는 분서의 대상이 된 하이네(Heinrich Heine, 1797~1856)의 희곡 '알만조르(1820)'의 대사 한 대목이 새겨져 있습니다. "단지 그것은 서곡일 뿐이다. 책을 불태우는 자가 마지막엔 사람까지 태울 것이다." 분서 사건에 대한 놀라운 건축물, 작은 공간이 그것을 기억하게 합니다. 기억에 대한 테러를 기억하기 위한 공간 말이지요.

| 세월호 추모공간 |

— 추모공간이 3층이어서 아쉬웠습니다. 누구나 접근하기 쉬운 1층이었으면 좋았겠다고 생각했습니다.

·**김명식**· 추모공간은 표현이 잘된 것 같습니다. 단순하지만 강렬한 심상을 전달하는 파랑과 노랑 두 가지 색을 사용한 것, 특히 주목했던 것은 추모의 글이 적힌 얇은 도화지가 차곡차곡 쌓여 있는 것이었는데요. ·배의 무게보다도 더 무거운 건 글들에 적혀 있는 마음이 아니었을까 싶습니다. 가라

앉은 배와 마음, 둘 다를 인양해야 하지 않겠어요? 세상에서 가장 무거운 글이었습니다.

— 세월호 추모공간엔 '능동적 체험'이라는 예술적 기능이 결여되어 있는 것 같습니다.

추모공간에 들어서면 넓은 벽면에 걸린 작은 그림들이 보입니다. 그곳에는 수학여행을 떠나는 학생들의 즐거운 모습이 그려져 있는데, 시간의 경과에 따라 그림의 수가 줄고 이미지의 폭도 줄어듭니다. 세월호의 출항, 항해, 침몰, 구조 시도 등의 그림들이 나열되다가 빈 바다의 그림으로 끝이 납니다. 그러고 나면 헌화를 할 수 있는 공간이 나오는데, 그쪽에 들어가서 헌화나 묵념을 하고 나오면 출구 쪽으로 나비들이 조금씩 넓게 펼쳐져 날아가는 영상이 나옵니다.

마지막에 가면 처음 작은 그림들이 놓여 있던 그 폭만큼 노란 나비들이 날갯짓하며 날아가는데, 전체적인 이미지는 "▶◀"와 같습니다. 추모를 뜻하는 검은 넥타이를 표현하기 위한 것이라면 이러한 전체적인 이미지는 용인될 수 있습니다만, 추모공간을 한 번 빙 둘러보고 나오면 방문객은 뭔가 해결된 듯한 느낌을 받습니다. 전체적인 스토리텔링의 기승전결이 완결되기 때문인데요. 무고한 학생들이 희생된 사건에 대한 기억, 추모, 승화가 10평 남짓한 공간에서 단숨에 이루어지는데, 이 과정에서 사람들은 자신의 인식 능력을 능동적으로 발휘하기보다는 정해진 절차에 의해서 의무적인 추모 행위만을 합니다. 추모객들은 어쩌면 홀가분한 마음으로 추모공간을 나설지도 모르겠습니다. 배경 음악은 임형주의 '천 개의 바람이 되어'인데, 희생자들은 바람이 되어 날아갔으니 산 사람들일랑 더는 우리를 걱정하지 말고 잘 살라는 가사로 이루어져 있습니다.

가만히 생각해 보면, 세월호 추모공간은 단지 추모공간으로서의 기능을 할지는 모르겠지만, 기억의 공간은 아닌 것 같습니다.

— 뭔가 다른 형식이 필요할 것 같다는 생각을 했습니다. '일본군 위안부' 피해자 할머니의 경우 완결의 구조가 아니라 계속 질문을 주는데, 여기는 질문과 답을 다 주고 있어서 많이 아쉽습니다.

— 세월호 희생자는 아직 추모의 대상이 되어서는 안 됩니다. 추모를 말할 때가 아니라 독일 사람들이 그랬던 것처럼 끔찍한 사건에 대한 대면을 먼저 거쳐야지요. 그들은 70년이 지난 지금까지도 집요하게 파헤치고 반성하며 그런 일이 다시는 반복되지 않도록 노력합니다. 스킨헤드(국수주의 성향의 극우파)가 나타나면 반대하는 사람들이 훨씬 많습니다.

세월호는 아직 진행 중입니다. 배는 여전히 수면 아래 있고 진상은 규명되지 않았습니다. 사고 수습이 끝난 후 사고의 원인과 결과, 원인 제공자와 피해자, 방조자 등 모든 전말이 드러난 이후에나 기념공간을 만들어야 하는 거 아닙니까?

·김명식· 가라앉은 진실을 인양하고 있는 단계인 건 맞는데요. 그렇다고 전국 곳곳에 있는 추모공간이 부정적이라고 생각하진 않습니다. 우리로 하여금 사건에 대해 좀 더 집중하게 만드는 긍정적 측면이 많다고 생각합니다. 결국엔 추모공간이 우리의 시선과 노력을 그다음 단계로 이행시키는 것이기 때문에 충분한 의미가 있다고 봅니다. 노란 리본 달기라든지 추모 집회라든지, 잊지 않고 기억하겠다는 분명한 의사표시를 통해 정치권이나 우리 사회를 움직일 수 있다고 봅니다. 그중 하나가 추모공간일 테고요.

— 분산된 에너지를 한곳으로 모으고, 풀리지 않고 있는 사고의 원인을 빨리 찾고 마무리를 지었으면 좋겠고요. 어떻게 해서든 빨리 인양하여 아직 찾지 못한 미수습자들을 찾는 게 어쩌면 그분들에게 가장 큰 위로겠지요.

|누가 무엇을 어떻게 기억하고 물려줄 것인가?|

— 우리가 집중해야 할 것은 이 고통의 분위기 속에서 '우리가 해야 할 것, 할 수 있는 것은 무엇인가'라는 물음으로 넘어오는 일입니다. 지금 우리에게 필요한 것은 추모공간이 아니라 '진실과 기억의 공간'입니다. 방문객으로 하여금 슬픔과 고통에 공감하게 하는 공간, 그것을 통해 우리의 정신이 고양되고 슬픔과 고통을 극복할 수 있는 공간이 필요합니다.

— 기념한다는 것은 기억한다는 것입니다. 기념이 이루어지는 한 그 역사는 기억되는 것이고, 다음 세대에 기억을 전하는 의미도 있습니다. 즉, 기념은 기억을 물려주는 일이지요. 그렇다면 "누가 어떤 기억을 물려줄 것인가?"라는 물음에 대한 답변이 필요합니다. 기억의 주체가 대중인가 아니면 권력자인가, 기억의 주제는 영광스러운 기억인가 아니면 수치스러운 기억인가, 커다란 사건인가 작고 소소한 사건인가 등에 대한 답변 말이지요.
지금까지는 권력자의 의지에 따라 왜곡된 기억들만 물려주는 시도가 많았던 것 같습니다. 이제는 성숙한 대중의 민주적인 힘을 통해 진실한 기억을 물려주는 작업이 필요할 것 같습니다.

— 다음 세대에 넘겨줘야 할 것은 예술적인 시각의 형태, 예컨대 그림·조각·음악·건축 등의 물질문화가 아니라 우리 내면 깊숙한 곳으로 들어갈 수 있는 모종의 느낌이지 않을까요?

·**김명식**· 문제는 그것이 어떤 식으로든 형태를 경유한다는 것이지요. 유대인 기념비의 경우 리차드 세라가 아이젠만에게 아이디어를 제공했던 것으로 추측하는데요. 넓은 공간을 개활지 그대로 공원으로 사용하면서 추상미술의 한 형태로 건축화합니다. 추상미술이 줄 수 있는 또 다른 추상관념을 기념비가 만들어낸 것이 아니라 그 안의 공간적인 반응을 유발하면서 잔인했던 학살의 기억을 연상케 하고, 누군가에게는 과거의 실제 기억이 되살아나게 한다는 점에서 무척 훌륭한 사례라고 생각합니다.

주한 일본대사관과 소녀상의 경우는 좀 역설적입니다. 경찰이 당연히 이쪽을 보호해줘야 할 것 같은데 그렇지 않아서 매우 이상한, 둘 사이의 묘한 긴장감이 자아내는 분위기가 우리 현실을 가림 없이 보여주고 있다는 점에서 의도치 않은 좋은 결과라고 생각할 수 있을 것 같습니다. 이것 역시 물질의 형태를 통해서만 가능한 것이지요.

이런 종류의 작업에서는 공간예술이라고 할 수 있는 건축의 역할이 특히 큰 것 같습니다. 학문과는 달리 예술은 '느낌'을 통해서 정보를 전달하는 경우가 있는데요. 홀로코스트 기념관의 구조물 사이를 돌아다니면서 사람들은 무기물 사이에 갇혀 있는 듯한 느낌, 폐쇄된 느낌을 받게 되고 각자의 이런 '느낌'과 '체험'을 통해 과거는 현재성과 구체성을 띠게 됩니다. 구체성을 가진 과거의 사건이 예술로 추상화되고, 추상화된 예술이 방문객의 체험으로 다시 구체화되는 과정을 통해 예술의 형태는 기억의 독특한 전달자가 됩니다.

― 공간도 기억의 주체가 누구냐에 따라 달라졌을 것 같습니다. 이해관계가 얽혀 있는 정부였다면 이런 공간이 가능했을까요? 서울시에서 세월호 추모공간을 만들었다는 걸 감안하면, 우리가 어떤 지도자를 뽑느냐에 따라 기억이 왜곡되기도 하고 제대로 전달되기도 할 것 같습니다.

― 저는 세월호 참사 당시 한국에 없었습니다. 저야말로 제 기억이 정말 작다는 생각을 했습니다. 밖에서 뉴스로 들었던 경험, 그 기억만을 가지고 있습니다. 사실은 잘 느낄 수가 없었습니다. 아이들이나 부모님이 쓴 메모를 보고서야 그때 마음이 어땠는지 짐작할 수 있었습니다. 한국에 있었더라면 현장을 지켰을 것 같습니다. 외국에서 이 사건을 접하면서 도무지 어떻게 할 수가 없었습니다. 한마디로 창피했습니다. 오늘 추모공간에 있으면서 너무 가슴이 아팠습니다. 정말 미안했고요. 다시는 이런 일이 일어나면 안 될 것 같다는 생각을 했습니다. 추모공간이 갖는 의미에 대해서 크게 배웠습니다.

― 기억이 깃든 공간들을 답사하다 보면 '위안부 할머니'나 '애국지사' 같은 큰 덩어리들이 거꾸로 풀어지면서 한 사람 한 사람의 기억으로 들렸습니다. 집합명사로 존재하던 사람들이 다시 개인으로 환원되는, 그런 느낌들이 제게는 매우 특별했습니다. 추상이 구체적으로 풀어졌습니다. 아주 특별한 경험이었습니다.

― 국가적인 큰 아픔을 놓고 진보와 보수로 나뉘어 지지부진 지리멸렬한

모습이 창피합니다. 우리의 수준이 현저히 낮은 것 같습니다. 사실 세월호 침몰은 삼풍백화점 붕괴처럼 큰 사고, 참사죠. 단순히 동정하고 추모할 것이 아니라 국가권력과 연계된 부패를 청산하는 것이 필요해 보입니다.

— 서울시에서 이 추모공간을 만들 필요는 없습니다. 사실, 국가가 해야지요. 그런데 우리는 아직 진상을 모릅니다. 그리고 그 역할을 할 수 있는 공간을 지금은 만들 수 없습니다.

— 이렇게 큰 사고에서 우리는 개인들을 한 명 한 명 찾아내어 위로해야 합니다. 아픔을 당한 그 당사자들이 어떻게 살 수 있을까, 어떻게 위로하고 기억할까, 어떻게 잊지 않을 것인가 하는 물음을 던져야 합니다. 진실규명은 분명히 이루어져야 합니다. 무엇보다 이것이 먼저 요구되어야 합니다.

— '사회적 고통과 기억의 공간'이라는 강좌를 통한 경험에 힘입어 구체적인 삶의 어떤 것을 행할 수 있을 것 같습니다. 가장 보람된 것은 시선의 폭이 넓어졌다는 것입니다. 세계를 어떻게 바라보느냐에 따라서 가치관과 삶의 방식이 달라질 텐데, 그 기준이 어느 정도 잡힌 것 같아요.

· 김명식 · 러스킨은 아름다움과 그것의 소유에 대해 이렇게 이야기합니다. 아름다움은 여러 경로를 통해 정신에 영향을 미칠 수 있는 수많은 복잡한 요인들의 결과물입니다. 우리에게는 아름다움에 반응하고 그것을 소유하려는 타고난 경향이 있습니다. 아름다움에 대한 반응 다음에는 그것을 향한 욕망, 즉 소유하려는 마음이 생겨나기 마련입니다. 소유하려는 욕망에는 저급한 방식들이 많지만 진정한 소유는 단 하나뿐입니다. 그것은 아름

다움을 이해하려 하고 그 아름다움을 이루는 요인들을 의식하는 것입니다. 이런 의식적인 이해를 위한 가장 효과적인 방법은 자신의 재능과 관계없이 그것을 직시하고, 그것에 대하여 쓰거나 그리거나 만드는 것입니다. 그중에서도 정말 중요한 것은, 생각에만 그치면 안 되고 움직여야 한다는 것이죠. 삶 속에서요. 아름다움은 예술의 형태를 통해서뿐만 아니라 삶의 형태를 통해서 그리고 행위를 통해서 나타나고 발견되리라 생각합니다.

― 고통의 기억을 예술의 형태로 재현할 수 있느냐 없느냐는 더 이상 논쟁의 대상이 아닌 것 같습니다. '어떻게' 재현할 수 있을 것인가 하는 논의의 문제로 건너온 것 같습니다. 고통의 경험에 동참하며 그 기억을 공간화, 형태화하는 작업에 조금이나마 친숙해질 수 있었고, 앞으로의 작업에 따뜻한 시선과 부드러운 목소리로 참여할 수 있을 것 같습니다.

Part · 3

네 번의 토요일, 봄을 가로지르며 제가 만난 그들은 '고문 피해자'가 아니라 칠성대 위에서 긴 밤 돼지울음 소리 같은 끈적끈적한 비명을 들으며 죄 없는 동료의 이름을 꾸역꾸역 집어삼켰던, 구체적 살덩어리를 가진 한 남자였습니다. '위안부 할머니'가 아니라 어느 날 고모 집에 밥 얻어먹으러 가던 도중 끌려가 전쟁의 지옥에서 참혹한 짐승들의 먹이가 된 소녀였고, '위대한 독립투사'가 아니라 고문으로 부러진 손가락을 지닌 채 일제의 부스러기들이 자신이 그토록 지키고자 했던 나라를 갈라먹는 모습을 한평생 두 눈으로 보아야 했던 어느 한 많은 국민으로 다가왔습니다. 현미경을 망원경으로 바꾸면 역사라 쓰여 있고, 망원경을 현미경으로 바꾸면 슬픔으로 가득 찬 개인의 삶이 쓰여 있습니다. _김향미

사회적 고통과 기억의 공간, 그리고 우리의 기억

"한 사람의 열사가 걷는 열 걸음보다
열 사람의 한걸음이 더 소중한 것이 사실입니다.
다시, 열 사람의 한걸음보다는 납덩이보다 무거운 침묵의 대기를 깨는
한 사람 한 사람의 한걸음이 더 소중한 때입니다."

사랑하는 존재(의 부재)를 기억하고 기념하는 데에 유효기간이 있는가? 하는 물음이 머리에서 떠나지 않습니다. 있다면 얼마나 될까요? 그것은 어느 통조림의 유통기한 같은 것일까요? 시간이 흐르면 부패하고 폐기되는 과정을 동일하게 거치는 것일까요? 설령 그렇다 하더라도 그것의 유효기간은 짧지 않은 것 같습니다. 우리가 방문했던 기억의 공간은 길게는 조선 건국 초기까지 거슬러 올라가니까요.

우리는 러스킨이 말했던 예술의 두 가지 목적인 '고통을 이해하는 것'과 '아름다움의 근원을 헤아려보는 것' 가운데 적어도 하나, 기억의 공간을 걸으면서 고통을 이해하려고 시도했고 노력하였습니다. 공감의 시작으로요.

끌어안을 수 있는 사랑의 존재가 없을 때, 존재의 상실로 인해 괴로울 때, 우리의 몸을 이끌고 가야 할 곳은 우리를 가장 잘 위로해줄 것

같은 사찰이나 성전과 같은 종교적인 공간일지 모릅니다. 하지만 정확히는 부재를 담은 기억의 공간일 것입니다. 이 공간이 존재하는 한, 기억은 더욱더 구체적으로 남아서 오랫동안 사랑하는 존재를 회상할 수 있게 할 것입니다.

기억의 공간화(기념지, 기념관, 기념비, 기념동상, 기념조각 등)가 사랑하는 존재에 대한 찬양이고 존재의 상실에 대한 애도이며 추모이고 기념이라면, 이를 통하여 사랑하는 존재에 도달할 수 있습니다. 되돌아올 수 없는 강 너머의 세계를 이어주는 징검다리 역할을 하는 것이지요. 이것은 함께했던 시간, 기쁘고 행복했던 순간, 슬퍼서 서로를 껴안아주던 모습, 신념과 신앙을 지키기 위한 순교, 독립을 향한 고단하고 치열했던 투쟁, 잔인한 고문과 순국의 숭고한 정신 등을 회상할 수 있게 합니다.

설령 이것이 아름다움의 형태로 표현되지 않더라도, 다시 말해 대단한 예술의 수준이 아니어도 우리는 그 속에 내재하는 의미와 아름다움의 근원에 대해서 생각해볼 수 있습니다. 공간(형태)화된 기억은 결국 러스킨이 말한 예술의 목적처럼, 우리로 하여금 아름다움의 근원을 헤아려볼 수 있게 합니다. 고통을 이해하려는 우리의 첫 시도와 노력은 바로 이 지점에 도달하기 위한 것이었고, 이것을 뛰어넘는 실천을 위한 준비 작업이었습니다.

우리는 공간과 건축 그리고 도시에 대한 이해를 바탕으로, 고통으로 남겨지거나 형태화된 기억의 공간과 건축과 도시를 이해하려 노력했고 그 고통에 동참하고자 했습니다. 그것이 던지는 '삶의 의미'에 관해 묻고, 개인의 삶과 공동체의 삶 속에서 해답을 찾으려 노력하였습니다. 인간만이 삶의 가치와 의미에 관해서 물을 수 있고 답을 찾을 수 있는 존재라면 사랑하는 존재의 상실로부터, 특히 사회적 고통을 일으키는 비극적인 죽음 앞에서 그것이 던지는 의미와 가치를 헤아릴 수 있어야 하고 그렇게 해야만 할 것입니다.

기념화된 형태나 공간을 경험하면서 거기에 내재된 의미를 알아차리고, 부재가 일깨우는 존재의 소중함을 깨닫고, 이를 통해 더 나은 삶으로 나아가는 계기를 마련할 수 있습니다. 기억의 공간(형태)이 갖는 가장 큰 목적이고 역할입니다. 여덟 곳으로의 여정은 이 목적을 더욱더 명료하게 해주었습니다.

한 건축가가 보여준 선과 악이 극명하게 대비되어 나타나는 두 개의 공간, 경동교회와 남영동 대공분실을 방문했습니다. 신의 성스러움이 재현된 공간과 인간의 정신을 폭압하기 위해 만들어진 잔인한 공간을 보면서, 건축이 만들어내는 내부 공간의 중요성과 악의 평범함에 대해서 생각해보고 이야기 나누었습니다.

과거의 고통이 여전히 현재진행형으로 남아 있는 곳, '일본군 위안부' 피해자 할머니를 위해 만든 평화의 소녀상과 전쟁과여성인권박물관을 차례로 찾았습니다. 피해자를 통제하고 가해국의 대사관을 보호하는 한국의 국가권력과, 타자의 고통에 반응하지 않는 한국 사회의 민낯을 보았습니다. 타자의 비극과 고통을 우리의 것으로 받아들이지 못하는 수준 낮은 사회의식을 보면서, 고통을 기억하기 위한 공간과 형태의 소중함을 배웠습니다. 그리고 우리의 역할에 대해서 생각하고 고민하였습니다.

집단의 고통이 발생했고 그 흔적이 보존되어 있는 서울의 서쪽 공간, 서대문형무소역사관과 서소문 순교성지(서소문공원)를 걸었습니다.

애국지사들의 고통이 새겨지고 민주주의가 갇힌 공간, 불의한 국가권력에 저항하다 참수당하고 종교적 신념을 지키기 위해 순교한 죽음의 공간을 방문하였습니다. 다양한 역사적 기억들이 깃든 공간에 특정 집단의 특정한 기억만을 남기고 기념하려는 '대표자의 역사관' 혹은 중심주의의 폭력성에 대해 의견을 나누었습니다.

마지막으로 유럽에서 학살된 유대인을 위한 기념비의 의미를 살펴보고, 사회적 고통을 함께 나누려는 사람들이 모여들었던 광화문광장, 청계광장, 서울광장을 걷고 세월호 추모공간을 방문하였습니다. 애도와 추모와 기억이 도시의 공간과 건축을 만들어내는 과정을 통해 공감과 연대를 배웠고, 공동체를 위해 열린 도시의 공간은 어떤 모습이어야 하는지 치열하게 고민해보았습니다.

상처는 기록이 되고 기록은 역사가 됩니다. 사회적 고통이 기억의 공간으로 만들어지는 근본적인 이유는 그 고통이 공감으로 작용하기 때문입니다. 한 사회가 고통을 대하는 방식과 그것으로부터 얻는 교훈은 자연스럽게 역사로 편입되고, 역사와 관계 맺는 태도에 내재한 힘으로부터 발생하는 조형력은 고통의 기억을 재현하고 형태(공간)화하는 결과를 낳습니다. 이렇게 만들어진 공간이나 형태는 역사적 사건에 대한 과장이나 혼란, 불안 따위에 굴복하지 않으며 오히려 분명하게 제압할 수 있습니다.

요컨대, 기억의 공간(혹은 형태)은 과거와 현재가 맺고 있는 관계의 명료함으로 표현되고 이렇게 표현된 공간(형태)은 현재와 미래를 더욱 생명력 있게 만듦으로써 역사의 전진에 기여합니다. 기억의 공간(형태)이 우리를 위해서 할 수 있는 가장 위대한 역할은 바로 이것입니다. 사회적 고통을 이해하고 공감할 수 있는 사람이라면, 과거의 역사가 현실 속에서 더 나은 삶의 세계를 구축하는 데 영향을 끼친다고 믿는 사람이라면, 이것이 자명한 사실임을 확신할 수 있을 것입니다.

기억의 공간으로 남겨지거나 만들어진 형태는 이전까지 무지한 상태로, 모호하게, 혹은 성급하게 느끼고 경험했던 세계를 좀 더 분명하게 인식하도록 안내합니다. 특히 그것이 미적 수단을 거치는 예술의 영역에서 다루어진다면, 기억의 미적 표현은 사람의 마음을 움직이는 매력적인 형태 혹은 공간이 될 수 있습니다. 이것은 의미의 세계와 현실 세계의 상관관계를 인식할 수 있도록 도우며 소통할 수 있게 합니다. 예술이 제공하는 아름다움이 우리로 하여금 무엇을 생각하고 어떤 행동을 해야 하는지 판단할 수 있도록 돕는 것이지요. 즉, 일상의 삶 속에서 우리의 구체적인 반응을 끌어낼 수 있습니다.

예술의 진정한 힘은 그것에 대한 감탄이나 소유욕 따위를 뛰어넘어 인간이 스스로의 삶을 변화시키도록 이끄는 데에 있습니다. 이를 통해 개인적으로나 사회적으로 지금보다 가치 있는 그 무엇을 만들어내는 것이지요. 미적 표현으로 형태화된 기억의 공간을 통해서, 사회적 고통을 대하는 우리의 태도와 시선이 느리게나마 변하기를 기대해봅니다.

그런 변화를 보여주는 한 편의 글로 긴 여정을 마무리합니다.

토요문화강좌를 마치고

|김향미|

늦봄 제주에 갔습니다. 올레길을 걸은 다음 날 일찍 숙소 앞 해안 길을 거닐러 나갔습니다. 새벽빛에 일렁이는 푸른 바다에 이끌려 검은 바위들 사이로 내려갔다가, 순간 밀려오는 파도에 놀라 허겁지겁 돌아 나왔습니다. 발끝을 적시던 그 작은 물결에도 가슴 쓸어내린 제가 낯 설어졌습니다. 아이들이 마지막까지 홀로 견뎠을 검고 찬 물빛이었습 니다. 낭만적인 아침 바다를 잃어버린 사람은 저뿐만이 아니겠지요.

이번 강좌 '사회적 고통과 기억의 공간'을 함께하며, 국가와 시대라는 이름으로 뭉뚱그려진 상징을 다시 개인의 삶으로 한 올 한 올 풀어내 는 듯한 느낌을 받았습니다. 남영동 대공분실, 전쟁과여성인권박물관, 서대문형무소역사관과 서소문 순교성지, 세월호 추모공간을 함께 걷 는다는 것은 고문 피해자, 위안부 할머니, 애국지사 같은 거대한 이름 으로 불리는 존재들의 상징을 부수고, 영혼을 가진 한 사람 한 사람을 불러내는 일이었습니다. 해석의 상징성을 기억의 구체성으로 되돌리 는 일이었다면 조금 거창한 말이 될까요?

네 번의 토요일, 봄을 가로지르며 제가 만난 그들은 '고문 피해자'가 아니라 칠성대 위에서 긴 밤 돼지 울음소리 같은 끈적끈적한 비명을 들으며 죄 없는 동료의 이름을 꾸역꾸역 집어삼켰던, 구체적 살덩어리를 가진 한 남자였습니다. '위안부 할머니'가 아니라 어느 날 고모 집에 밥 얻어먹으러 가던 도중 끌려가 전쟁의 지옥에서 참혹한 짐승들의 먹이가 된 소녀였고, '위대한 독립투사'가 아니라 고문으로 부러진 손가락을 지닌 채 일제의 부스러기들이 자신이 그토록 지키고자 했던 나라를 갈라먹는 모습을 한평생 두 눈으로 보아야 했던 어느 한 많은 국민으로 다가왔습니다. 현미경을 망원경으로 바꾸면 역사라 쓰어 있고, 망원경을 현미경으로 바꾸면 슬픔으로 가득 찬 개인의 삶이 쓰어 있습니다.

처음 광주 망월동에 갔을 때를 기억합니다. 그 어마어마한 묘소들을 보는 순간 눈을 질끈 감았습니다. 광주는 어떻게 이 영혼들의 무게를 감당하며 버텨왔을까 먹먹했더랬지요. 그 순간부터 그곳은 책으로만 보던 광주가 아니었습니다. 탯줄을 아직 잘라내지 못한 엄마와 아기, 두려움에 떨면서도 도청의 밤을 지킨 청년이 여전히 살고 있는 땅으로 다가왔습니다.

때론 의아합니다. 왜 광주의 주검들 위에 태극기를 덮었고, 애국지사들은 어째서 이미 이름을 잃어버린 국가를 위해 제 목숨조차 두려워하지 않았을까요? 위안부라는 이름으로 찢긴 몸의 상처를 꿰매며 조국으로 조국으로 되돌아오려 했을까요? 단 한 명의 삶도 건져내지 못한 무능한 국가로 말입니다. 일본의 영화감독 기타노 다케시의 말처럼, 304명이 사망한 하나의 사건이 있었던 것이 아니라 한 사람이 죽은 사건이 304개 있었던 것입니다. 그 죽음과 연결된 수많은 가족과 동료까지 포함한다면, 이 엄청난 주검들 앞에 국가의 침묵이 소름 끼칠 만큼 무섭게 느껴집니다.

옆 동료는 세월호 이야기가 나오자 "지겹다, 그만하자. 그만하면 많이 했다"라며 불편한 마음을 드러냅니다. 그는 아이를 사교육 시장에 내몰지 않겠다는 결심을 굳게 실천하고 있는 사람이고, 직원들에게 비타민을 챙겨주며 "약 드실 시간입니다"라고 농담을 건네 웃게 해주는 사람입니다. 세월호를 향한 그의 태도는, '악의 평범함' 같은 거창한 말을 굳이 끌어오지 않더라도, 조금만 방심하여 생각의 시간을 늦추면 내게도 당도할 일상의 모습일지 모릅니다. 저라는 인간도 아파트 엘리베이터에 붙어진 경비원 감축 표결에 대한 안내문을 읽으며 왜 머릿속

'사회적 고통과 기억의 공간' ⓒ김향미, 2015

계산기를 눌러보지 않았겠어요. 방금 현관에서 그분과 웃으며 인사를 나누었으면서 말이죠.

베트남의 한국군 성폭력 피해자 할머니, 전쟁에서 정말 두려운 것은 죽는 게 아니라 강간이었다고 말하는 콩고의 전쟁 피해여성들 이야기를 들으면 내 몸속에 가해자와 피해자의 피가 뒤섞여버린 듯한 고통을 느낍니다. 제 삶은 또 누군가의 노동과 죽음과 고통을 딛고 이 땅에 서 있는 것일까요?

전쟁과여성인권박물관 벽에 새겨진 위안부 할머니의 말씀들, "내가 바로 살아 있는 증거인데 일본 정부는 왜 증거가 없다고 합니까?" "한국 여성들 정신 차리시오. 이 역사를 잊으면 또 당합니다"라는 육성을 뼈아프게 읽습니다. 아이들과 배가 아직 바다에 있는데 왜 다 잊자고

위안부 할머니들의 이름이 새겨진 추모비 건너편으로 제가 사는 세상이 보입니다. ⓒ김향미, 2015

합니까. 오늘 이 일을 잊으면 내일은 더 큰 비극의 괴물이 달려들겠지요. 테렌스 데 프레가 『생존자』에서 말한 바에 따르면, 아우슈비츠 생존자들을 극한상황에서도 견딜 수 있게 해준 건 기록하고 증언하고자 하는 의지였다고 하지요. 우리가 이 모든 고통을 기억하는 한, 살아남은 자의 슬픔이 아닌 기록자 또는 증언자로서의 삶을 살아내야 한다고 되뇝니다. 성서에 기록된 그 새벽 여인들처럼, 두렵고 떨리지만 이내 단호함으로.

제주의 흙냄새로, 마산의 열기로, 그리고 팽목항의 바닷바람으로 다시 돌아온 4월. 꽃피는 계절이면 그들의 삶은 고통의 공간을 지나 우리의 기억으로 매년 되돌아오겠지요.

함께 걸었던 길벗들 덕분에 위로받았던 4월이었습니다.

맺는 글

|

2014년 봄, 밀라노에서 돌아왔을 때 서울은 경망스럽게 떠들썩했고 도시의 풍경은 고집스럽게도 변하지 않은 듯했습니다.

지중해 맑은 기후의 푸른 도화지 같은 하늘을 보았고, 허벅지 실핏줄같이 생겨 재미난 도시의 거리를 걸었으며, 지중해성 기후만큼이나 온화한 지도교수님을 만났고, 만드는 횟수가 느는 만큼 파스타가 맛있어 질 무렵, 박사 과정을 마치고 돌아왔습니다.

그러나 저에게 서울은 표독하게도 무심한 듯했습니다. 어쩌면 무심한 존재는 도시가 아니라 사람들이었을 수도 있습니다. 몇 년 만에 돌아온 이곳은 떠날 때보다도 더 타인들의 삶에 무심한 곳이 되었다는 생각이 들었습니다. 그 때문인지 봄비는 반갑지 않았고 하늘은 음울했으며 기분은 침울하기까지 했습니다.

세월호 침몰, 밀양 송전탑 설치 반대, 제주 해군기지 건설 반대, 삼성전자 백혈병 문제, 쌍용자동차 정리해고 문제 등으로 도처에서 고통받는 이들을 보며 깊은 절망을 느꼈습니다. 앞으로 살아가야 할 곳 가운데 이보다 더 나쁜 곳은 없을 것만 같아, 돌아온 것을 잠시 후회하기도 했습니다.

국가의 존재 이유마저 의구심이 들 정도로 일상이 고통이 되어버린 당사자들을 보면서, 마음껏 기뻐할 수도 즐겁게 지낼 수도 없었습니다.

일요일이 돌아오는 것은 곤혹스러운 일이었습니다. 예배를 드리러

교회에 가기 싫었습니다. 여기저기에서 발생하는 사건들이 귀국 후 불안정한 저의 상황과 겹쳐 적잖이 슬픈데, 교회에서마저 그런 사회적 고통이 설교와 묵상기도의 주제가 되어 저를 더욱 침울하게 만들었기 때문입니다. 상처 입은 사람들에게 절실히 필요한 게 치유이듯, 저에게는 교회가 위로와 위안을 주는 치유의 공간이 되어주길 바랐는지도 모르겠습니다.

그러나 다른 한편으로는, 고통을 함께 느끼고 공감하는 것이야말로 치유의 시작이라는 것을 배우고 있었습니다.

이 글은 사회적 고통에 공감하고 그것의 치유에 적극적으로 참여하기 위해 쓴 것입니다.

고통스러운 현실을 살아가고 있는 많은 분들이 평온한 일상을 되찾아가는 과정에 우리는 얼마나 공감하며 참여하고 있는지, 글을 쓰는 내내 생각해보았습니다. 숨쉬기조차 죄스러웠던 4월이 자꾸만 떠올랐습니다. 슬픔이 일상화된 사회, 슬픔이 오히려 이상하게 받아들여지는 한국 사회에서 살아가는 의미가 무엇인지 묻고 답해보려 애썼습니다. 살아가는 일이 통째로 고통이 되어버린 사람들 속에서 저의 존재가 뭘 의미하는지, 제가 속해 있는 이 사회가 어떤 역할을 해야 하는지 고민하지 않을 수 없었습니다. 인간이 겪는 일들 중에서 저와, 그리고 우리와 무관한 것은 없다고 생각했기 때문입니다.

본래 연결되어 있는 우리의 관계를 파편화시키고 서로 무관하게 만드는 것은 무엇일까요? 망망대해 외로이 떠 있는 섬들조차 수면 아래에선 서로 연결되어 뭍으로 이어진다는 것을 누구나 알고 있는데, 막상 우리의 삶이 하나로 연결되어 있다는 사실은 다들 쉽게 잊어버린다는 생각이 들었습니다. 서로 공감하고 연대하지 못하도록 우리들 개개인을 에워싸고 있는 저 불투명한 가림막을 걷어내는 작업이 필요한 것 같습니다. 그렇지 않으면 우리는 스스로를 격리하여 지금보다 더 슬프고 외로운 세계에 남겨질지도 모릅니다.

한국 사회에 쏟아지고 있는 고통과 아픔의 빗줄기는 어느덧 장마의 수준을 넘어 영원히 끝나지 않을 우기의 한복판으로 들어선 듯합니다. 그럴수록 '우리 존재의 의미, 개인과 공동체적 삶의 의미를 어떻게 찾을 것인가?' '우리의 역할은 무엇이며 어떻게 저 고통에 참여할 것인가?' '사회적 고통을 어떻게 기억의 공간으로 형태화할 것인가?'라는 물음을 던지고 답을 구하는 태도를 잃지 말아야겠습니다. 공감의 미학은 각자 스스로 이러한 물음을 던질 때 시작되고, 그 물음에 응할 때 자라날 것이라 생각합니다.

천박한 욕망이 만들어낸 슬픔, 고통, 분노, 노여움 등이 망령처럼 떠도는 우리의 현실 속에서도 연대와 결속의 시간을 거쳐 고요하게 회복되는 사람의 결, 사랑의 힘을 저는 믿습니다. 공감의 미학을 키워내는 유일한 방법은 그것뿐일지도 모릅니다.

사랑하고 사랑받는 이가 있는 한, 우리는 모두 없어서는 안 될 소중한 존재입니다. 사랑하는 존재의 상실이나 부재에서 오는 슬픔과 고통에 공감하면서 만들어진 기억의 공간은, 우리 모두를 소중한 존재로 인식하게 할 것이라는 강한 믿음이 저에게는 있습니다.

이 글을 쓰기 시작할 때 주위 사람들의 우려가 있었습니다. 한국 사회에서 이 글이 어떻게 여겨질지 잘 알고 있어서 그런 반응을 보였을 것입니다. 그러나 글의 목적을 생각해보면 그런 건 별로 중요한 게 아니었습니다. 고통받는 이들에게 작은 위로를 줄 수 있다면, 타인의 아픔을 나의 고통으로 껴안는 것이 공동체의 역할이라 생각하는 이들에게 더 큰 용기를 줄 수 있다면, 무심한 관찰자에게 공감의 시선을 제공할 수 있다면 그것만으로도 충분히 가치 있는 일이라 생각했기 때문입니다.

고통이 존재하는 모든 곳에서 이 글이 오랫동안 제 역할과 임무를 다하길 소망합니다.

(1) 공간은 기원전부터 이미 많은 논의가 되어온 주제입니다. 플라톤은 『티마에우스 *Timaeus*』에서 '코라K*hôra*(고대 그리스어 *χώρα*)'라는 용어를 사용하면서 물질과 동일한 것으로, 아리스토텔레스는 『피직스*Physics*』에서 물질과 형태로부터 분리될 수 있는 '토포스*Topos*', 즉 장소를 정의하면서 장소와 다른 것으로, 유클리드는 수학과 기하학에서 설명하고 있는 삼차원으로 공간을 설명하였습니다. 이후 17세기 뉴턴(Isaac Newton, 1642~1727)은 물질의 존재와 관계없이 하나의 절대적인 것으로, 라이프니츠(Gottfried Leibniz, 1646~1716)는 거리와 방향을 갖는 것들의 집합으로서 공간을 설명하였습니다. 18세기 가우스(Karl Friedrich Gauss, 1777~1855)와 로바쳅스키(Nikolai Lobachevsky, 1792~1856), 19세기 보야이(Janos Bolyai, 1802~1860)와 리만(Bernhard Riemann, 1826~1866) 등은 비유클리드 공간을 증명하였습니다. 이처럼 공간에 대한 설명은 고대 이래 오랫동안 축적되었습니다.

(2) 19세기 말 일본에서 처음 쓰인 '건축建築'은 미적 매력을 가지는 건물(참고, 『한국건축 개념사전』, 2013) 혹은 으뜸이 되는 건물을 짓는 것을 말하는 'architecture'의 번역어로 사용되었습니다.

(3) 참고, Pollio, Vitruvius, *Vitruvius: The Ten Books on Architecture*, New York: Dover Publications, 1960. Alberti, Leon Battista, *The Ten Books of Architecture: The 1755 Leoni Edition*, New York: Dover Publications, 1986. Wotton, Henry, *The Elements of Architecture*, London, New York, and Bombay: Longmans, Green, and co, 1903. Scott, Geoffrey, *The Architecture of Humanism: A Study in the History of Taste*, New York: W.W. Norton & Company, 1999.

(4) Healy, Patrick, *Beauty and The Sublime*, Amsterdam: Sun, 2003, 133면: "Art must be transformative of people's lives."

(5) De Carli, Carlo, "Contro la realta finta," *Interni*, n. 1, January 1967: 2~5.

(6) 참고, Kahn, Louis I., "The Room, the Street and Human Agreement." (Text of AIA Gold Medal acceptance speech, Detroit, June 24, 1971), *AIA Journal 56*, no.

3, September 1971: 33~34, Zevi, Bruno, *Architecture as Space: How to Look at Architecture*, New York: Horizon Press, 1957, 105면, Norberg-Schulz, Christian, *Genius Loci: Toward a Phenomenology of Architecture*, New York: Rizzoli, 1980, 14~15면.

(7) 참고, Palladio, Andrea, *The Four Books of Architecture*, New York: Dover Publications, 1965, 58~59면, Ottolini, Gianni, *Forma e significato in architettura*, Milano: Cortina, 2012, 15~16면.

(8) 인권보호센터로 이름을 바꾸고 인권경찰 선포식까지 했던 허준영 경찰청장은 역설적이게도 그해 11월 여의도 농민시위 때 경찰의 진압 과정에서 농민 2명이 사망한 데 대한 책임을 지고 곧바로 옷을 벗습니다.

(9) "81년 7월, 당시 주한 미국대사 워크를 서울 인사동 기생집 '동원'에서 전두환 쿠데타 실세 허화평, 허삼수에게 소개한 이도 김수근이다. 군부독재 집단과의 내밀한 연관을 본다."(김상수 작가의 앞의 기사 그리고 구본준, 2013, 162~163면) 이러한 내용의 글을 보면 의심의 여지가 없어집니다.

(10) 과도한 연결일 수도 있습니다만, 여기서 나치에 협력하여 국가주의적 건축 활동을 한 알베르트 슈페어(Albert Speer, 1905~1981)가 연상됩니다. 그는 히틀러가 가장 좋아한 절친한 친구였고, 히틀러가 꿈꾸었던 거대제국을 마음껏 계획하고 '역사적 위대함'이라는 꿈을 실현하려 했던 건축가인데요. 거대한 신전과 같은 기념비적인 건축물과 광장이 지배하는 커다란 도시, 게르만 국가의 새로운 상징으로 세계의 수도가 될 베를린을 건설하려 했습니다. 그러나 제2차 세계대전이 독일의 패전으로 끝난 후 그는 1946년 10월 뉘른베르크 국제군사재판에서 20년 형을 선고받습니다. 그리고 1966년 10월, 20년의 형기를 모두 마치고서야 석방됩니다.

(11) 참고, 〈교수신문〉(웹사이트) 2005년 10월 29일 안창모 경기대 교수의 글, '외관은 김수근답게… 내부는 경악스러움', '기획진단: 남영동 보안분실 건축, 역사 그리고 윤리', 그리고 김상수 칼럼(웹사이트) 2011년 11월 6일 '김수근이 과연 '한국을 대표하는 건축가'인가? 우리 사회 문화적 미신에 대하여', 또한 김두식의 학술논문 "고문 공간으로서의 남영동 대공분실과 그 이용자들: 1985년의 김근태 씨 고문 사건을 중심으로"(〈법과사회〉 제

43호(2012. 12), 405~430면).

(12) 그래서 강원용은 경동교회 건물에 불만을 표시합니다. "교회당을 짓고 난 다음 강원용은 김수근의 건물이 이런 문제를 잘 해결하지 못했다고 생각하고, 건물에 불만을 표시하였다."(참고, 정인하, 2000, 211면)

(13) 예컨대 공간사옥의 경우 창덕궁의 금원(후원)으로 향한 창은 그 크기가 큰 반면, 다른 방향의 창들은 아주 작기 때문에 실내가 어둡습니다.(참고, 정인하, 2000, 217면)

(14) 당시 교회는 도시화가 가속화되는 과정에서 도시 생활의 구심 역할을 했고, 도시민의 증가에 따른 교인의 증가로 더 큰 예배당이 필요해지면서 교회의 대형화가 빠르게 진행됩니다. 대형 공간의 구조적 안정성은 철근콘크리트가 잘 해결해주는데, 가령 중간 기둥이 필요하지 않은 와플 구조나 거대한 보 구조 등은 더 넓은 공간을 확보하기에 적합합니다. 그렇다고 해서 구조가 내부 공간의 구성이나 성질을 해결해주지는 않는다는 점은 경동교회에서 잘 드러나고 있습니다.

(15) 참고, 손수호, 『도시의 표정: 서울을 밝히는 열 개의 공공미술 읽기』, 2013, 31면: "새는 일반적으로 자유와 평화의 상징이지만 여기서는 살아 있는 할머니들과 이미 세상을 떠난 할머니들을 잇는 영매의 의미가 추가된다."

(16) 조각이나 기념비 혹은 묘비가 건축이 될 수 있는 이유에 대해서는 part 2의 4장에서 언급하고 있습니다. 무덤과 기념비가 건축의 작업이 된다는 아돌프 로스, 알도 로시, 쟈니 오똘리니의 언급을 참고하면 이해가 쉬울 것입니다.

(17) '일본군 위안부' 피해자 실태 조사에 따르면 한국 정부에 등록된 피해자의 나이는 11세에서 27세에 이르고 대부분 취업 사기나 유괴 혹은 납치 등에 의해 동원된 것으로 알려져 있습니다. 전쟁과여성인권박물관 웹사이트는 한 소녀의 앳된 사진과 함께, 1939년 13세 나이에 연행되어 해방되기까지 만주 등지에서 '일본군 위안부'로 살아야 했던 기구한 운명의 황금주 할머니를 소개하고 있습니다.

(18) "오랫동안 자신이 공들여 진행해온 작업을 자발적으로 양보하는 것은 건축계에선 유례를 찾기 어려운 일이었다. 김 소장이 후배 건축가들을 생각한 것은 능력을 갖췄어도 실

적이 없고 연륜이 짧아 중요한 건물을 설계할 기회를 얻기 어려운 젊은 건축가들의 어려움을 잘 알기 때문이었다. 고민 끝에 김 소장은 후배들을 위한 기회를 주기로 결심했고, 건축계는 이 제안을 받아 젊은 건축가들을 위한 공모전을 열었다."(구본준, 2013, 105면)

(19) 서대문형무소의 최초 수용인원은 500명 정도였습니다. 조선시대 전국 감옥의 수용인원이 500명 정도였던 점을 고려해보면 당시로서는 엄청난 규모였음이 틀림없습니다.

(20) 하지만 재소자들은 공작사에 가는 것을 싫어할 수만은 없었습니다. 왜냐하면 이곳에서 '잔치'를 벌일 수가 있었기 때문입니다. 재소자들 사이에서 '잔치'라는 말은 휴식 시간에 쥐를 잡아먹는 것을 의미합니다. 부족한 영양분을 조금이라도 채우려는 방편이었지요. 쥐를 잡은 날은 행운이었습니다. 허기진 그들에게는 그곳에서 벌일 수 있는 유일한 잔치가 아니었을까 생각해봅니다.

(21) "정북(正北)은 숙청문(肅淸門), 동북(東北)은 홍화문(弘化門)이니 속칭 동소문(東小門)이라 하고, 정동(正東)은 홍인문(興仁門)이니 속칭 동대문(東大門)이라 하고, 동남(東南)은 광희문(光熙門)이니 속칭 수구문(水口門)이라 하고, 정남(正南)은 숭례문(崇禮門)이니 속칭 남대문이라 하고, 소북(小北)은 소덕문(昭德門)이니, 속칭 서소문(西小門)이라 하고, 정서(正西)는 돈의문(敦義門)이며, 서북(西北)은 창의문(彰義門)이라 하였다." (태조실록, 태조 5년(1396) 9월 24일)
"소덕문(昭德門)을 속칭 서소문(西小門)이라 불렀는데, 옛날에는 초루(譙樓)가 없었다. 금위영(禁衛營)에 명하여 이를 짓게 하였는데, 이때에 이르러 완성되었다고 보고하므로 소의문(昭義門)이라고 이름을 고쳤다." (영조실록, 영조 20년(1744) 8월 4일)

(22) "사람을 사형하는 장소를 정하였다. 예조(禮曹)에서 아뢰기를 "사람을 동대문(東大門) 밖에서 사형하는 것은 실로 미편합니다. 서경(書經)에 말하기를, '사(社: 중국 주나라 시대에 땅의 신을 모시던 사당)에서 죽인다' 하였는데 '사(社)'는 우측 편에 있으니, 바라건대 예전 제도에 의하여 서소문(西小門) 밖 성 밑 10리 양천(陽川)지방, 예전 공암(孔巖) 북쪽으로 다시 장소를 정하소서" 하니, 그대로 따랐다." (태종실록, 태종 16년(1416) 7월 17일)
"명하여 서소문(西小門)을 고쳐 짓도록 하고, 석장(石匠)인 중(僧)의 머리를 베어 그 위에 매달아 그 나머지 사람들을 경계하였다." (태조실록, 태조 3년(1394) 2월 15일)

(23) 서소문의 원래 명칭이 '의로움을 밝힌다'는 소의문(昭義門)이었듯이 이곳은 조선시대 후기 박해로 순교한 많은 천주교 신자의 의로움을 밝힐 수 있는 역사적인 장소일 뿐만 아니라, 한국 천주교의 초기 순교 역사를 가장 집약적으로 응축시켜 보여줄 수 있는 곳이기도 합니다.

(24) 서소문 밖에서의 순교 역사는 차례대로 신유박해, 기묘박해, 기해박해 그리고 병인박해로 나뉩니다. 신유박해 초 1801년 2월 26일에 이승훈(베드로), 정약종(아우구스티노) 등 6명이 서소문 밖에서 처음으로 순교하고, 석 달 뒤 강완숙(골롬바) 등 남녀 신자 9명이 순교하고, 10월과 11월에 황사영(알렉시오), 현계흠(플로로), 황심(토마스) 등 5명이 마지막으로 순교합니다. 1819년 8월 3일 기묘박해 때 손경윤(제르바시오), 홍익만(안토니오) 등이 이곳에서 순교하고, 1839년 4월 12일 기해박해에서 남명혁(다미아노) 등 5명과 김아기(아가타) 등 4명이 이곳에서 참수됩니다. 6월 이후와 8월 15일에 정하상(바오로)과 유진길(아우구스티노)이, 11월 24일에는 정정혜(엘리사벳) 등 7명이 순교합니다.
1866년 병인박해는 가장 많은 순교자를 냅니다. 남종삼(요한), 전장운(마태오) 등이 이곳에서 순교하고, 이후 참형장이 잠두봉(지금의 절두산)으로 옮겨져 많은 천주교인이 순교하게 됩니다. 2014년 8월 16일 광화문광장에서 열린 '윤지충 바오로와 동료 순교자 123위 시복식'을 위해 방한했던 프란치스코 교황은 서소문 순교성지를 참배하면서 시복 미사를 시작하였습니다.

(25) 철길은 1904년 러일전쟁 당시 일본이 대륙 침략 노선으로 이용하기 위해 만들었고, 1911년 압록강 철교가 완공되면서 신의주와 만주를 거쳐 유럽까지 이어지게 됩니다. 하지만 현재는 도라산역까지만 운행됩니다.

(26) 약현성당은 프랑스 신부인 코스트(Coste)의 설계와 중국인 기술자의 시공 그리고 두쎄(Doucet) 신부의 감독으로 1893년에 완공됩니다. 로마네스크 양식과 고딕 양식이 절충된 이 성당은 명동성당(1898)보다 5년 먼저 지어진 한국 최초의 서양식 성당으로서 빨간 벽돌과 뾰족한 첨탑이 두드러집니다. 1998년 방화 때문에 거의 전소되었다가 이듬해 복원됩니다. 주변으로 서소문 순교자기념관, 가톨릭출판사, 가명유치원 등이 있습니다.

참고 자료

Part 1

김봉렬(외), 『한국건축개념사전』, 동녘, 2013.

Alberti, Leon Battista, *The Ten Books of Architecture: The 1755 Leoni Edition*, New York: Dover Publications, 1986.

De Carli, Carlo, "Contro la realta finta." *Interni*, n. 1, January 1967: 2~5.

Healy, Patrick, *Beauty and The Sublime*, Amsterdam: Sun, 2003.

Heidegger, Martin, *Poetry, Language, Thought*, (translation with an introduction by Albert Hofstadter), New York: Perennial Classics (originally published by Harper & Row, 1971), 2001.

Kahn, Louis I., "The Room, the Street and Human Agreement." (Text of AIA Gold Medal acceptance speech, Detroit, June 24, 1971), *AIA Journal 56*, no. 3, September 1971: 33~34.

Leatherbarrow, David, *Architecture Oriented Otherwise*, New York: Princeton Architectural Press, 2009.

Norberg-Schulz, Christian, *Genius Loci: Toward a Phenomenology of Architecture*, New York: Rizzoli, 1980.

Ottolini, Gianni, *Forma e significato in architettura*, Milano: Cortina, 2012.

Palladio, Andrea, *The Four Books of Architecture*, New York: Dover Publications, 1965.

Pollio, Vitruvius, *Vitruvius: The Ten Books on Architecture*, (translation by Morris Hicky Morgan, originally published in 1914), New York: Dover Publications, 1960.

Scott, Geoffrey, *The Architecture of Humanism: A Study in the History of Taste*, New York: W.W. Norton & Company, 1999.

Wotton, Henry, *The Elements of Architecture* (originally published, 1624), London,

New York, and Bombay: Longmans, Green, and co, 1903.

Zevi, Bruno, *Architecture as Space: How to Look at Architecture*, (translation by Milton Gendel), New York: Horizon Press, 1957.

Part 2

1장
구본준, 『구본준의 마음을 품은 집』, 서해문집, 2013.

김근태, 『남영동』, 중원문화, 1987.

김두식, 「고문 공간으로서의 남영동 대공분실과 그 이용자들: 1985년의 김근태 씨 고문 사건을 중심으로」, 〈법과사회〉 제43호, 2012.

김수근, 『김수근의 건축 = The Architecture』, 김수근 문화재단, 1996.

김수근, 『김수근 건축작품집』, 공간사, 1996.

김수근 문화재단, 『당신이 유명한 건축가 김수근입니까?』, 공간사, 2006.

이용재, 『딸과 함께 떠나는 건축여행』, 멘토press, 2007.

정인하, 『김수근 건축론: 한국건축의 새로운 이념형』, 시공문화사, 2000.

〈미디어오늘〉(웹사이트)
http://www.mediatoday.co.kr/?mod=news&act=articleView&idxno=98314

〈한겨레신문〉(웹사이트)
http://www.hani.co.kr/arti/society/society_general/559432.html
http://www.hani.co.kr/arti/culture/culture_general/631455.html

〈교수신문〉(웹사이트), http://www.kyosu.net/news/articleView.html?idxno=8454

2장
구본준, 『구본준의 마음을 품은 집』, 서해문집, 2013.

박정애, 「정대협 운동사의 현재를 담다: 전쟁과여성인권박물관」, 『역사비평』 통권 106호(2014년 봄)

서경덕 외, 『당신이 알아야 할 한국사 10』, 엔트리, 2014.

손수호, 『도시의 표정: 서울을 밝히는 열 개의 공공미술 읽기』, 열화당, 2013.

안숙영, 「젠더와 국가: 전쟁과여성인권박물관의 건립 과정을 중심으로」,
〈여성학연구〉 제 24권 제2호(2014년 6월).

이명주, 「공간복지를 위하여」, 〈질서와 창의〉 No. 1(2008년 12월).

장영철 외, 「전쟁과여성인권박물관; 윤동주 문학관」,
〈와이드 AR〉 제30권 (2012년 11/12월).

최우용, 「치욕의 역사를 바로 보는 것에서 비로소 치유는 시작된다:
전쟁과여성인권박물관」, 〈나라경제〉 제26권 제6호, 통권 제295호(2015년 6월).

전쟁과여성인권박물관(웹사이트)
https://www.womenandwarmuseum.net/contents/main/mail.asp

경남도민일보(웹사이트)
http://www.idomin.com/?mod=news&act=articleView&idxno=490454

3장
남수현, 「서소문 밖 역사 유적지 공모전을 통해 본 공공 공간과 종교의 관계」,
〈와이드 AR〉 제40권(2014, 7/8월: 104~105)

샤를르 달레(안응렬, 최석우 역), 『한국천주교회사』, 분도출판사, 1979.

이사벨라 버드 비숍(이인화 역), 『한국과 그 이웃나라들: 백년 전 한국의 모든 것』,
살림, 1994.

서대문형무소역사관, 『서대문형무소역사관』, 서대문구도시관리공단, 2006.

원희복, 「나라 빼앗긴 참담함과 해방의 환희가 서린 곳: 서대문형무소」,
〈주간경향〉 통권 1115호(2015. 3. 3: 44~46)

윤효선, 「순교성지를 위한 도시공원 설계: 서소문 공원을 중심으로」
(석사학위논문), 2012.

『조선왕조실록』 중 태조실록과 태종실록

미셸 푸코(오생근 역), 『감시와 처벌: 감옥의 탄생』, 나남출판, 1994.

경향신문(웹사이트) http://leekihwan.khan.kr/385

서대문형무소역사관(웹사이트) http://www.sscmc.or.kr/newhistory/index_culture.asp

중림동 약현성당(웹사이트) http://www.yakhyeon.or.kr

평화신문(웹사이트)
http://web.pbc.co.kr/CMS/newspaper/view_body.php?cid=434445&path=201212

한겨레신문(웹사이트) http://www.hani.co.kr/arti/society/religious/674826.html

4장
서울시, 《(세월호, 슬픔, 그리움…) 별이 되다: 서울광장 세월호 추모공간 운영백서
=Sewol ferry space for honoring》, 서울시, 2014.

Ball, Karyn, *Disciplining the Holocaust*, New York: State University of
New York Press, 2008.

Buttler, Florian von, and Stefanie Endlich, "Build? Wait? Abandon?:
Holocaust Memorial in Berlin." *Domus*, n. 808, ottobre 1998: 98-102.

Davidson, Cynthia (ed.), *Tracing Eisenman*, London: Thames & Hudson, 2006.

Dorchain, Claudia Simone, and Felice Naomi Wonnenberg (eds.), *Contemporary
Jewish Reality in Germany and Its Reflection in Film*, Berlin: de Gryuter, 2013.

Foundation Memorial to the Murdered Jews of Europe, *Materials on the Memorial
to the Murdered Jews of Europe*, Berlin: Nicolaische Verlagsbuchhandlung, 2009.

Foundation Memorial to the Murdered Jews of Europe (ed.),
Memorial to the Murdered Jews of Europe: Guide to the Information Centre,
Berlin and München: Deutscher Kunstverlag, 2010.

Rauterberg, Hanno, *Holocaust Memorial Berlin: Eisenman Architects*, Baden:
Lars Müller, 2005.